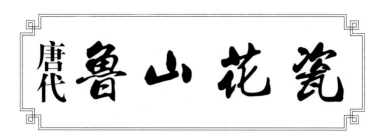

唐代鲁山花瓷

刘晓明　王嫽彩　编著

中国轻工业出版社

图书在版编目（CIP）数据

唐代鲁山花瓷 / 刘晓明，王嫘彩编著. —北京 ：
中国轻工业出版社，2022.8

ISBN 978-7-5184-3743-6

Ⅰ. ①唐… Ⅱ. ①刘… ②王… Ⅲ. ①古代陶瓷—研
究—中国—唐代 Ⅳ. ① K876.34

中国版本图书馆 CIP 数据核字（2021）第 233604 号

责任编辑：胡　佳　　　责任终审：劳国强
整体设计：孙永广　　责任校对：晋　洁　　责任监印：张京华

出版发行：中国轻工业出版社（北京东长安街 6 号，邮编：100740）
印　　刷：北京博海升彩色印刷有限公司
经　　销：各地新华书店
版　　次：2022 年 8 月第 1 版第 1 次印刷
开　　本：710×1000　1/16　印张：14.5
字　　数：300 千字
书　　号：ISBN 978-7-5184-3743-6　定价：80.00 元
邮购电话：010-65241695
发行电话：010-85119835　传真：85113293
网　　址：http://www.chlip.com.cn
Email：club@chlip.com.cn
如发现图书残缺请与我社邮购联系调换
210507W3X101ZBW

目 录

绪 论

一、研究阶段和成果

段店窑的发现较晚，鲁山花瓷的研究才刚刚起步，近些年才得到学界越来越多的关注。鲁山花瓷的研究分为两个阶段，每个阶段的研究状况和特点有所不同。

第一阶段：段店窑的发现（20世纪50年代至20世纪90年代的考古调查）

这一阶段的研究方法不限于文献，还有考古调查。以故宫博物院为首的陶瓷专家对鲁山段店窑进行了多次调查：

20世纪50年代，故宫博物院古陶瓷专家陈万里、冯先铭根据唐代南卓《羯鼓录》[1]中关于"鲁山花瓷"的记载，对河南地区窑址进行田野调查，虽采集了一些标本，但并没有花釉瓷器标本[2]。

20世纪60年代，文物工作者在郏县黄道窑发现了花釉瓷器标本，但没有发现腰鼓的标本。

1977年，故宫博物院主导进行了窑址复查，李辉柄、李知宴等人又对段店窑进行了调查，首次采集到了与传世花瓷腰鼓相同的瓷片标本，进而引发了学术界的广泛关注[3]。此后，工作人员还在禹县的上白峪首次发现了烧制花瓷的唐代窑

---

[1] 记载"鲁山花瓷"一词最早的文献《羯鼓录》是唐代南卓于大中二年（848年）撰写的一部专著，是研究唐代音乐的重要资料。书中叙述羯鼓的形状、构造和唐玄宗作羯鼓乐曲和演奏羯鼓的故事，也列出了130多首乐曲的名称。

[2] 陈万里，冯先铭. 故宫博物院十年来对古窑址的调查 [J]. 故宫博物院院刊，1960（00）.

[3] 冯志刚，贾宁. 鲁山窑陶瓷文化综论 [J]. 东方收藏，2018（3）.

址，为全面认识花瓷的生产区域奠定了基础。

1980年，李辉炳、李知宴等人对段店窑进行了第二次田野调查，采集到5片花瓷腰鼓的标本，与故宫博物院花瓷腰鼓完全吻合。

1986年，河南省文物研究所对鲁山段店窑再次进行复查，采集了大量的花釉标本，这为认识鲁山段店窑的创烧期与早期发展历史奠定了基础[4]。

1990年10月至12月，河南省文物考古研究院对段店瓷窑址进行了科学的考古发掘，虽然发掘面积小，但也取得了一些重要的实物资料，这加深了对段店窑的认识：一是对该窑址的分布情况有了初步了解；二是揭示了该窑址的文化堆积及烧造年代[5]。

综上所述，20世纪50年代，陶瓷专家根据《羯鼓录》的记载，多次对鲁山段店窑进行调查，采集到5块腰鼓残片，与故宫博物院所藏完全一致，从而认定传世花瓷腰鼓出自鲁山段店窑[6]。此后，工作人员相继在河南省内的郏县黄道窑、内乡邓州窑、禹县下白峪窑、登封前庄窑等窑口发现花瓷标本，还在山西交城窑、陕西黄堡窑等窑址也发现了花瓷标本，这引起了陶瓷学界对鲁山花瓷的关注[7]。总之，通过历年来对鲁山段店窑址进行的调查与发掘，获得大量的瓷器标本和窑具显示，段店窑的生产年代自隋晚期延续至元、明，历经一千余年，是河南省烧制瓷器最长的古窑址。可以说，考古调查使鲁山花瓷的研究推进了一大步，获得了很多第一手的资料，对鲁山花瓷的认识逐步深入，段店窑的整体面貌逐步清晰。

不过，尽管经过了1986年和1990年两次考古发掘，但对于这个庞大的窑址群而言，依然是管中窥豹。因为缺乏科学、正式的考古发掘，所以对鲁山花瓷的研究还有很大的局限性，如在创烧年代、历史分期、生产情况、工艺技术、发展兴衰等问题上，仍然存在进一步深入的可能性[8]。民间爱好者的研究热情虽然很

[4] 朱宏秋，郭灿江. 斑斓多变的釉色——河南博物院藏花釉蒜头壶 [J]. 文物天地，2015（03）：56-59.

[5] 由此可见，花瓷最初由文献的记载及实物（北京故宫博物院藏花瓷腰鼓）印证，到人们找到其产地，是通过文博考古学者的努力逐渐实现的。孙新民. 鲁山县段店窑唐至元代瓷窑遗址 [A]. 载中国考古学年鉴（1991）[M]. 北京：文物出版社，1992：237-238.

[6] 潘民中. 唐玄宗与鲁山花瓷 [N]. 平顶山日报，1990-04-27.

[7] 张煌若. 浪漫雄浑的生活之美——基于唐代花瓷的图像学研究 [D]. 河南大学，2016：4.

[8] 冯志刚，贾宁. 鲁山窑陶瓷文化综论 [J]. 东方收藏，2018（3）.

高，收藏了大量窑址出土的标本，但由于缺乏系统、科学的考古程序和严格的地层关系，大大降低了其学术价值。

第二阶段：研究的全面展开（2000年至今的理化分析、综合研究）

进入21世纪，唐代鲁山花瓷的研究受到越来越多陶瓷学者的关注，这一时期鲁山花瓷的研究具有以下特点：

（1）研究视野不断拓展：对段店窑的烧造历史、工艺特征、装饰特点、发展阶段展开了全面的研究；

（2）研究成果形式多样：既有专著、期刊论文和硕士论文，又有学术研讨、论文集等，从不同角度进行研究，说明鲁山花瓷的研究进一步深化；

（3）研究方法多元化：尤其是对鲁山花瓷的理化检测分析，开辟了崭新的研究途径，这与陶瓷史整体学术研究的深化是分不开的。

1. 学术专著

这一时期，关于段店窑的研究，不但出版了专门的画册，还有较为深入的学术研究和学术调查报告：

梅国建、刘晓明等著《段店窑——鲁山花瓷》，2014年由四川美术出版社出版。梅国建经过多年潜心研究，在收集大量实物的基础上，写就了《段店窑——鲁山花瓷》一书。该书以文字记述和实物标本介绍段店窑和鲁山花瓷的特征、艺术风格、制作工艺以及鲁山花瓷和钧瓷的传承关系。这是我国首部对段店窑和唐代鲁山花瓷进行系统研究的专著。

深圳市文物考古鉴定所、郑州市中原陶瓷标本博物馆联合编撰的《鲁山窑调查报告》（唐代部分），2017年由文物出版社出版。2008年开始，历时10年，任志录、冯志刚通过对鲁山窑近3万件标本的研究，首先对收藏的段店窑瓷片标本进行分类研究，器类包括罐、壶、盏、盘、瓶、腰鼓、盆等，烧制年代从初唐延续到北宋早期。然后根据纪年器物的器型进行分期研究，并对相关问题进行了讨论，对鲁山花瓷的发展阶段、釉色进行了重点论述，推进了鲁山花瓷的学术研究。

河南省文物考古研究院、平顶山博物馆、鲁山县段店窑文化研究所编纂的《鲁山段店窑遗珍》，2017年由科学出版社出版，提供了第一手鲁山花瓷图片资料。

2. 硕博论文

武汉音乐学院周艳的论文《羯鼓录研究》[9]，纯粹是从音乐学的角度对《羯鼓录》进行研究。

太原理工大学扈亚改的论文《鲁山段店窑瓷器艺术特征研究》，对花瓷进行了全面的研究，但深度还不够。

河南大学张煌若的论文《浪漫雄浑的生活之美——基于唐代花瓷的图像学研究》[10]，在唐代花瓷传承创新的现状调查基础上，从图像学分析视角，全面探究其造型和釉色方面的艺术特征，对花瓷展开图像学分析。

3. 期刊论文

期刊论文的研究方法多样，研究角度不一，关注的重点各有侧重。既有综述性的，又有腰鼓的专门研究；既有艺术分析，又有理化检测，以及不同窑口之间的关系和比较。

综述性的论文有姚会涛的《瓷之祖——鲁山花瓷》[11]，陈硕的《鲁山段店窑，一代名窑浮出水面》[12]，苗长强、苗锡锦的《"唐花瓷"——钧瓷之源、钧窑之根》[13]，叶剑秀的《鲁山文史系列之七——探寻鲁山花瓷》[14]，刘金祥的《再识鲁山段店窑》[15]，冯志刚、贾宁的《新见鲁山窑陶瓷品种及其工艺成就》[16]等。

关于腰鼓的专门研究，有任志录的《从鲁山花瓷看关于腰鼓的几个问题》[17]，许满贵的《唐花瓷腰鼓释考赏析》[18]，李艳慧的《唐代鲁山花瓷腰鼓之研究》[19]，

[9] 周艳. 羯鼓录研究 [D]. 武汉音乐学院，2007.

[10] 张煌若. 浪漫雄浑的生活之美——基于唐代花瓷的图像学研究 [D]. 河南大学. 2016.

[11] 姚会涛. 瓷之祖——鲁山花瓷 [J]. 雪莲，2016（11）.

[12] 陈硕. 鲁山段店窑，一代名窑浮出水面 [J]. 收藏，2018（1）.

[13] 苗长强，苗锡锦. "唐花瓷"——钧瓷之源、钧窑之根 [J]. 陶瓷中国，2010（6）.

[14] 叶剑秀. 鲁山文史系列之七——探寻鲁山花瓷 [J]. 协商论坛，2018（1）.

[15] 刘金祥. 再识鲁山段店窑 [J]. 南京艺术学院学报（美术与设计版），2008（4）.

[16] 冯志刚. 贾宁. 新见鲁山窑陶瓷品种及其工艺成就 [J]. 收藏，2018（1）.

[17] 任志录. 从鲁山花瓷看关于腰鼓的几个问题 [J]. 东方收藏，2018（4）.

[18] 许满贵. 唐花瓷腰鼓释考赏析 [J]. 东方收藏，2012（11）.

[19] 李艳慧. 唐代鲁山花瓷腰鼓之研究 [J]. 中华文化论坛，2018（7）.

《汝窑瓷器与鲁山窑瓷器研究》中鲁山花瓷论文

论文题目	作者
《北宋汝窑与鲁山段店窑——汝州青瓷诸相与类汝瓷》	小林仁（日本大阪市立东洋陶瓷美术馆）
《唐朝贡瓷——段店窑鲁山花瓷》	梅国建（平顶山学院）
《关于唐代花釉瓷器的若干探讨》	刘渤（天津文博院）
《鲁山段店窑花釉瓷源流》	张振海（林州文物管理所）张增午（林州博物馆）
《河南出土唐代花釉瓷器地域特征和彩斑装饰特点》	郭灿江（河南省博物院）
《鲁山花瓷褐地乳白蓝斑釉研究》	刘晓明（平顶山学院）
《鲁山窑陶瓷文化综论》	冯志刚（郑州中原古陶瓷标本博物馆）贾宁（北京清华同衡规划设计研究院）
《鲁山杨南遗址出土宋金元瓷器》	韩维龙、陈馨（广州市文物考古研究院）
《北宋鲁山窑与磁州窑文化交流现象之探讨》	赵学锋、齐守明（磁州窑博物馆）冯志刚（郑州中原古陶瓷标本博物馆）
《鲁山段店窑匣钵造型设计艺术研究》	刘艳兵（平顶山学院）
《唐代鲁山花瓷的科技分析》	李媛、苗建民（古陶瓷保护研究国家文物局重点科研基地）、孙新民（河南省文物考古研究所）、王光尧（故宫博物院）

周晓莲的《唐代的羯鼓研究》[20]等。

而艺术风格鉴赏方面，如王群成的《鲁山花瓷的艺术特点浅析》[21]，郭灿江、董源格的《唐代花釉瓷器》[22]，朱宏秋、郭灿江的《斑斓多变的釉色——河南博物院藏花釉蒜头壶》[23]，吕成龙的《绚丽斑斓的唐代花釉瓷器》[24]，张迪的《河南出土唐代花釉瓷的地域特征和彩斑装饰特点》[25]，程庸的《大写意的唐代

[20] 周晓莲. 唐代的羯鼓研究 [J]. 岭东通识教育研究学刊，2014（3）.

[21] 王群成. 鲁山花瓷的艺术特点浅析 [J]. 陶瓷艺术与科学，2017（8）.

[22] 郭灿江，董源格. 唐代花釉瓷器 [J]. 收藏家，2011（3）.

[23] 朱宏秋，郭灿江. 斑斓多变的釉色——河南博物院藏花釉蒜头壶 [J]. 文物天地，2015（3）.

[24] 吕成龙. 绚丽斑斓的唐代花釉瓷器 [J]. 收藏，1998（4）.

[25] 张迪. 河南出土唐代花釉瓷的地域特征和彩斑装饰特点 [J]. 东方收藏，2018（3）.

花釉》[26]等。

之前，对鲁山花瓷的胎釉进行理化分析实验已被采用，如1987年由上海硅酸盐研究所运用科学的手段对唐代花瓷进行结构分析，发表《唐代花瓷的结构分析研究》[27]。20世纪90年代，理化分析的研究方法普遍应用，带来了崭新的学术成果，揭示了鲁山花瓷的釉色呈色原理，破解了窑变的成因及分相釉的原理，确立了鲁山花瓷的乳浊釉在工艺技术上的创新地位。尤其是这一时期的理化分析研究，涉及钧窑历史渊源、传承关系、钧官窑烧造年代等重大问题，如刘凯民等的《唐代花瓷釉的本质及其与后世分相乳光釉的关系》[28]，张义的《唐代花瓷釉的实验和形成机理分析》[29]，以现代科技手段论证了唐代花瓷釉同宋元钧窑系釉等分相乳光釉具有传承关系。还有张会锋的《浅析唐代花釉瓷器对钧瓷艺术的影响》[30]，证实了唐代高温花釉瓷器与钧瓷的工艺技术有共同特点和内在的亲缘关系。

此外，还有黄云的《唐代花瓷及其与钧瓷的历史关联——基于一种文献学的考察》[31]，《"唐代花瓷"：钧窑之源、钧瓷之根》[32]，《唐代——钧瓷窑变艺术的萌芽时期》[33]等。

另外，还有鉴定方面的文章，如杨静荣发表的《唐花釉瓷器鉴定》[34]，介绍新仿花釉与唐代花瓷釉的鉴定方法。

4. 学术研讨和论文集

2017年10月19日至22日，由中国古陶瓷学会、河南省文物局主办的"中国古陶瓷学会2017年年会暨汝窑、鲁山窑学术研讨会"在平顶山举行。为推动汝窑和鲁山窑的研究、保护，150多位来自国内外的陶瓷研究专家学者参加了大会，论

[26] 程庸. 大写意的唐代花釉 [J]. 当代学生，2013（18）.

[27] 陈显求，黄瑞福，陈士萍. 唐代花瓷的结构分析研究 [J]. 硅酸盐通报，1987（2）.

[28] 刘凯民，李洁，苗锡锦等. 唐代花瓷釉的本质及其与后世分相乳光釉的关系 [J]. 山东陶瓷，2006（2）.

[29] 张义. 唐代花瓷釉的实验和形成机理分析 [J]. 中国陶瓷，2006（10）.

[30] 张会锋. 浅析唐代花釉瓷器对钧瓷艺术的影响 [J]. 大众文艺，2009（20）.

[31] 黄云. 唐代花瓷及其与钧瓷的历史关联——基于一种文献学的考察 [J]. 许昌学报，2014（4）.

[32] 苗长强，苗锡锦. "唐代花瓷"——钧窑之源、钧瓷之根 [J]. 陶瓷中国，2010（6）.

[33] 任星航. 唐代——钧瓷窑变艺术的萌芽时期 [J]. 陶瓷科学与艺术，2010（7）.

[34] 杨静荣. 唐花釉瓷器鉴定 [J]. 收藏家，2000（10）.

文涉及鲁山段店窑基本情况介绍、腰鼓问题、花瓷年代考证、花瓷工艺等，从历史、产品、工艺、文化等方面对鲁山窑的文化内涵和产品面貌进行研究。这次大会对鲁山花瓷的研究具有重要的推进作用，会议出版了《汝窑瓷器与鲁山窑瓷器研究》研究辑丛，其中关于鲁山花瓷和段店窑的论文涉及鲁山窑瓷器的历史、烧造性质、工艺特点、胎釉检测分析等诸多方面。

由此可见，以"中国古陶瓷学会2017年年会暨汝窑、鲁山窑学术研讨会"的召开为节点，标志着鲁山花瓷和段店窑的研究进入高潮。随着对段店窑研究的深入，鲁山花瓷的研究逐渐进入研究者的视野，相关的研究逐渐展开。

二、研究内容

由于鲁山花瓷的研究还处于初级阶段，因此本书只能在原来的基础上进一步深化，对鲁山花瓷进行综合性的研究。在全面占有资料的基础上，通过对文献和馆藏的梳理，总结不同时期的工艺特点和装饰特色，揭示花釉瓷的发展轨迹。本书对鲁山花瓷进行了全面、系统的综合研究，主要涉及以下几个方面：

第一章主要介绍鲁山花瓷烧造、发现的背景。本章不但介绍了鲁山县的历史沿革、历史文化、唐代陶瓷生产状况，而且总结了烧造陶瓷的有利条件，从地理位置、交通条件、人文历史、矿产资源等各方面进行阐述；以及鲁山段店窑的调查、发现过程。

第二章主要研究鲁山花瓷的创烧时间和历史分期。详细论证了鲁山花瓷创烧的时间，对鲁山花瓷进行分期，分为初唐、盛中唐、晚唐，并对每一个阶段的特点进行总结，归纳了唐代鲁山花瓷的发展演变进程：初唐时期，仅见黑釉花瓷一种，装饰手法单一；进入盛中唐，花釉种类和技法丰富多彩，达到高潮；晚唐花瓷持续发展；五代和北宋早期继续存在。其中黑釉花瓷从初唐持续到北宋早期，全花釉从盛中唐持续到北宋早期。花釉的彩斑经历了从最初的块发展到面，最后到整体罩花釉的过程，越来越具有钧釉与汝釉的早期特征，为后来的钧瓷窑变釉创造了条件。

第三章分别就鲁山花瓷的造型、工艺、釉色等方面的特征进行介绍。鲁山花瓷造型特征：浑厚大气，庄重丰满，具有非常典型的唐代气质，体现出典型的时代特征；追求简练、凝重、质朴的风格，坚持宁简勿繁的原则；本章还研究了鲁山花瓷的釉色和施釉工艺，花瓷不同阶段的发展进程以及不同工艺产生的艺术效果。

第四章主要研究鲁山花瓷的呈色原理以及窑变的形成机制，进而引申到窑变釉和乳浊釉的形成机制以及分相釉的呈色原理，揭示了唐代鲁山花瓷多彩釉色的奥秘，追溯了点斑工艺的起源和发展，进而总结鲁山花瓷点斑工艺的特征。

第五章总结鲁山花瓷的历史地位及其影响。鲁山花瓷虽然在历史的长河中存在时间不长，但曾作为贡瓷进入宫廷，其历史地位不容轻视；唐代鲁山花瓷在当时的影响力很大，对周边窑口的辐射性很强，形成了以段店窑为中心的鲁山花瓷窑系，进而分析了其他窑口生产的花瓷和段店窑的异同，并引申到鲁山花瓷和钧瓷的关系，分析鲁山花瓷和钧瓷的异同之处，通过一系列的理化分析，进而证明了鲁山花瓷的分相釉和钧釉的承继关系。

第六章主要研究鲁山花瓷的典型器物和典型釉色。花瓷腰鼓从文献记载到制作，以及腰鼓在宫廷和民间的广泛使用，阐述了腰鼓在唐代兴盛的原因；以褐地乳白蓝斑为例，通过褐地乳白蓝斑花瓷的理化分析和制作工艺进一步揭示鲁山花瓷的独特之处。

第七章是鲁山花瓷赏析和统计。总结唐代鲁山花瓷的艺术特征，窑变釉的创造性使用，创造出浪漫多变的釉色，充分体现出强烈的动感和饱满向上的时代精神，充分展示了唐代开放、饱满、自信的艺术精神。对部分重要的鲁山花瓷作品进行赏析。全面收集了国内外馆藏和出土的鲁山花瓷，并进行详细梳理和统计。

附录主要包括鲁山花瓷大事记、文献资料（古代和现代）、馆藏花瓷统计表和出土部分花瓷统计表。

三、主要观点

（1）对鲁山花瓷进行分期，分为初唐、盛中唐、晚唐，并对每一个阶段的特点进行总结，归纳了唐代鲁山花瓷的发展演变进程。初唐时期，仅见黑釉花瓷一种，装饰手法单一；进入盛中唐，花釉种类和技法丰富多彩，达到高潮；晚唐花瓷持续发展，全花釉从盛中唐持续到北宋早期。花釉的彩斑经历了从最初的块发展到面，最后到整体罩花釉的过程，为后来的钧瓷窑变釉创造了条件。

（2）鲁山花瓷的艺术特征：造型浑厚大气，庄重丰满，体现出典型的时代特征；追求简练、凝重、质朴的风格，坚持宁简勿繁的原则，而且结合浪漫多变的釉色，窑变釉的创造性使用，充分体现出强烈的动感和饱满向上的时代精神，充分展示了唐代开放、饱满、自信的艺术精神。

（3）分析了鲁山花瓷窑变和乳浊釉的形成机制以及蓝色的呈色原理，进一步引申到鲁山花瓷和钧釉的关系；分析鲁山花瓷和钧瓷的异同之处，并通过一系列的理化分析，进而证明了鲁山花瓷的分相釉和钧釉的承继关系。

四、研究方法

由于鲁山花瓷的研究还处于初级阶段，只有全面、系统地梳理、研究，才能廓清鲁山花瓷的面貌。

本书对鲁山花瓷进行全面、系统地研究，包括花瓷创烧时间、发展历史、生产范围、工艺特征、艺术价值等，使鲁山花瓷的研究走向学术化、专业化。

本书总结了鲁山花瓷的艺术特征，并尝试对鲁山花瓷进行历史分期，总结不同时期的工艺特点和装饰特色，从而把握各个阶段的发展面貌，揭示出花釉的发展轨迹。

本书对鲁山花瓷的造型、工艺、釉色、审美等特征进行总结，证明了鲁山花瓷的艺术风格与唐代审美趣味之间的一致性。

本书全面收集了国内外馆藏和出土的鲁山花瓷，进行详细的梳理和统计，并在统计的基础上，总结鲁山花瓷的艺术特征。

第一章

鲁山花瓷产生的条件和调查

第一节　鲁山县的人文历史

一、鲁山县的历史沿革

关于鲁山的沿革，一般是参考《鲁山县志》。最早编纂的《鲁山县志》已佚失，目前流传最广的是明代嘉靖年间重修的《鲁山县志》，收在《天一阁藏明代方志选刊》中，1963 年经上海古籍书店影印后广为流传（见图 1）。

明嘉靖《鲁山县志》卷一·疆域中，对鲁山县的"沿革"记载如下：

> 鲁山禹贡豫州之域，周鄙甸之鲁县。春秋初属郑，后为楚所侵；战国属韩，秦属颍川郡；汉始置鲁阳县，县治南阳郡。东汉因之。三国属魏，晋属南阳；后魏置樊州，寻废立鲁阳郡，封功臣于此，为郡王；后周置三鸦镇齐城；隋初复为鲁县，属襄城郡；炀帝末始名鲁山，后王世充置鲁州；唐武德二年，州废省，俄以鲁山滍阳后置鲁州；贞观九年，

图 1　天一阁版《鲁山县志》封面、扉页

图 2 鲁山县沿革

州废省，滍阳以县属汝州。五代（宋元）并因其旧。至元元贞八年，还属南阳路。皇明洪武二年，天兵下河南，民遂归附，仍以属南阳府汝州；成化十二年，改属河南汝州[1]（见图2）。

但是明嘉靖《鲁山县志》中的介绍还是太简略，这里主要参考武保林《鲁山县历代沿革》一文[2]，对鲁山的历史沿革进行介绍。

1. 夏商周时期

据文献记载，鲁山早在夏代就有人类活动。夏代时，鲁山县初称为鲁县，属豫州，孔甲年间为刘累邑，商代因之。殷商时期，居住着应、桀部落；西周时期，鲁山为"周鄙、甸之鲁县"，为京畿之地，周公旦封地。周初，武王分封天下，封旦于鲁，称鲁公。不久，武王故，其子成王新立，因年幼，周公旦辅佐成王，不便离京赴任，成王便让周公旦子伯禽代周公旦封为鲁侯，其鲁县为鲁国首都，史称西鲁；周成王践奄后，为褒奖周公旦功德，就扩大周公旦封地，又更封奄地（今山东曲阜）鲁国国都，伯禽就东迁奄地为鲁侯，史称东鲁。

---

[1] ［明］姚卿修，孙铎纂. 明嘉靖《鲁山县志》卷一·疆域。

[2] 武保林. 鲁山县历代沿革[J]. 人间，2016（7）：63-64.

2. 春秋战国时期

春秋时期，鲁县改称鲁阳，属郑。

楚文王十二年（公元前678年），隶属于楚，为楚司马子期公孙宽——鲁阳公封地。

楚肃王三十年（公元前371年），魏伐楚取鲁阳，鲁阳属魏。

魏王假三年（公元前225年），秦灭魏，鲁阳入秦。

3. 秦汉三国时期

秦废分封，建立县制，以郡领县，鲁阳属颍川郡。

汉承秦制，鲁阳县属南阳郡。

三国时期属魏，鲁阳县隶属南阳郡。《汉书·地理志》载："南阳郡鲁阳，有鲁山。古鲁县，御龙氏（刘累）所迁。[3]"

4. 两晋南北朝时期

西晋，鲁阳属南阳国，称鲁阳县。

南北朝时期，永初年间（420—422年），属南朝宋。

北魏时，复置叶县。

---

[3] 历史上正式见载于经传和正史文献的第一位真正的刘姓人物，就是夏朝后期的刘累。据文献记载，刘累是帝尧陶唐氏的后裔。《左传》曰："陶唐氏既衰，其后有刘累，学扰龙于豢龙氏，以事孔甲，能饮食之。夏后嘉之，赐氏曰御龙，以更豕韦之后。龙一雌死，潜醢以食夏后。夏后飨之，既而使求之，惧而迁于鲁县。"刘累年轻时就离开家乡，到豢龙氏族那里去学习驯养龙的本领。这时正是夏朝第14代君主孔甲在位。孔甲在位的第三年（约公元前1877年），从黄河和汉水中各得到两对雌雄双龙。孔甲派人去找最擅长驯养龙的豢龙氏人，刘累便毛遂自荐，主动请求承担四龙的驯养工作。刘累把龙饲养得很好，孔甲对他的工作非常满意，于是颁布命令，正式任命刘累为王室驯龙官，并赐给刘累"御龙氏"的姓氏，宣布由他取代豢龙氏的工作。孔甲又把颛顼之孙大彭氏所居之地——豕韦（今河南省滑县西南韦乡）赐给刘累作为他的封邑。后来四条龙死了一条，他怕孔甲怪罪，就灵机一动，把死龙做成了美餐，献给孔甲享用，由此深得孔甲欢心，重重奖赏了他。未曾想，数日后，孔甲让他再做如前次的美餐。刘累怕再难蒙混过关，于是携家眷乘夜逃走，到河南鲁山躲了起来。从此，刘累世代定居此地。

北魏太和十一年（487年），孝文帝南巡，改名山北县，鲁阳降为镇。

太和十三年（489年），于叶地置郢州，不久废州，改为南中府，叶县属之。

太和十八年（494年），置荆州，旋罢州，置鲁阳郡，领县二：犨阳、北方城。

太和二十一年（497年），置河山县，属广州（今鲁山）鲁阳郡，兼有高阳县境（今平顶山至首山一带）。

北魏太和二十二年（499年），鲁阳郡治所在北山县。

魏孝明帝孝昌中（526年），又于叶置襄州，叶县属之。

永安元年（528年），于昆阳置汉广郡，昆阳县属之。

永安二年（529年），改置广州，辖区甚大，鲁阳郡属之。

东魏孝静帝天平初年（534年），废南中府，置南安郡，属襄州，领有南安、南舞、叶、南定四县。

538年以后，西魏两次夺得襄州。其间，叶县属建州南安郡，河山县属广州鲁阳郡。

549年，襄州再次被东魏夺回，遂改南安郡为定南郡，叶县属定南郡。

5. 隋唐五代时期

隋文帝开皇四年（584年），置伊州。

隋炀帝大业元年（605年），改伊州为汝州，改山北县为鲁县，治梁县城。

隋大业八年（612年），改汝州为襄城郡，并移承休县至汝原县，领承休、梁、阳翟、东汝原、汝南、鲁、犨城七县。

唐代，天下设为十道，南阳属山南道管辖。自唐高祖李渊至玄宗李隆基90年间，南阳先后设置纯州、郦州、淅州、北澧州、宛州、淯州、显州、湖州、新州、鲁州和仙州等。玄宗天宝元年（742年）又改郡称州，县加以合并，今南阳市有泌州淮安郡和邓州南阳郡。

唐武德四年（621年），汝州改为伊州，领承休、梁、颍城三县。

唐贞观元年（627年），废鲁州，并改鲁阳县为鲁山县，划属伊州。

唐贞观八年（634年），改伊州为汝州，领梁、郏、鲁山三县。

正圣元年（695年），职武兴县，先天元年（712年）置临汝县。

开元二十六年（738年），以仙州之叶县来属。

天宝元年（742年），以许州之襄城来属。改汝州为临汝郡，属都畿道，领叶、襄城、郏城、鲁山、龙兴、临汝六县。

乾元元年（758年），复改临汝郡为汝州。

由此可见，唐代汝州建制多变。唐代，汝州为东都洛阳东南门户，设东都畿都防御使，驻有重兵防守。唐代设段镇，是唐宋时期的名镇。

五代时期，后周改曰鲁州，县曰鲁山，以后州屡废而县不变，长期属汝州。

6. 宋元金时期

北宋初，仍沿袭唐制。

政和五年（1115年），汝州升为陆海军节度，属京西北路，领梁、襄城、叶、鲁山、宝丰（由龙兴改）五县。1105年，郏县划于颍昌府。

建炎元年（1127年），汝州被金国占领。金废军事建制，汝州属南京路，领梁、郏城、鲁山、宝丰、叶县、襄城六县。

1207年，划襄县属许州；1208年，划叶县属裕州。

至元八年（1271年），忽必烈正式建立元朝。元朝将原南阳郡改为南阳府，属河南江北行中书省，汝州属河南江北省南阳府管辖，领梁、郏县、鲁山三县。

7. 明清时期

1368年，朱元璋建立明朝，对元代的行省作了大的改革，改省为"承布宣政司"，只管民政，但人们习惯上仍叫行省，简称省。省下设郡（州），县。明初，汝州仍为南阳府管辖，领郏县、鲁山两县。

成化二年（1466年），还治汝州。

明成化十一年（1475年）4月，巡抚副都御史张瑄，奏请在汝州东南设宝丰县，汝州领三县。次年在西南设伊阳县，汝州共领四县。

清朝沿袭明制，汝州以直隶州地位，仍领鲁山、宝丰、郏县、伊阳四县。

8. 民国时期

民国二年（1913年）2月，废汝州直隶州，设立豫西道。

民国三年（1914年）6月，鲁山县属河南河洛道。

民国十六年（1927年）废道制，鲁山县直属于省。

民国二十一年（1932年）4月，全省设立11个行政督察区，鲁山县属河南第五行政督察区（即许昌专署）。

抗日战争爆发以后，民国三十一年（1942年）4月至民国三十三年（1944年）5月，河南省会迁驻鲁山县。

民国三十六年（1947年）年11月，解放鲁山县城，建立鲁山县政府，属豫陕鄂边区第五行政督察专员公署。

民国三十七年（1948年）6月，在县城设立鲁山市，为豫西行政公署驻地。

民国三十八年（1949年）2月，豫西行署机关迁开封，鲁山市建制撤销，同时豫西行署二专区与五专区合并，成立许昌专区，鲁山县划归许昌专区。

9. 新中国成立后

1968年3月23日，许昌地区革命委员会成立，取代许昌专区。

1979年7月1日，许昌地区革委会撤销，改称许昌地区，鲁山县属之。

1983年9月1日，许昌地区所属的鲁山、宝丰、叶县划入平顶山市。

综上所述，根据鲁山县历史行政沿革的变迁，我们可以把鲁山的历史划分为四个阶段（见表1）。

表1　鲁山县的发展历史阶段

阶段	称呼	朝代	说明
第一阶段	鲁	尧至西周时期	自尧帝起，鲁山县就已有了鲁县之名。夏代，"尧之裔孙刘累奔鲁"；周代周公姬旦的初封地"鲁"；一直到西周末年都称鲁。不过，那时的鲁县并非政区之称，而是指鲁地。
第二阶段	鲁阳邑	春秋战国时期	在春秋战国时期的550年间，改称鲁阳邑。因鲁阳故城地处鲁山之阳，得名。春秋时期，鲁阳邑属郑，后来战国时期隶属于楚。楚肃王三十年（公元前374年），魏伐楚取鲁阳，鲁阳即属魏。不论是前期属郑，还是后来属楚，名称都是鲁阳邑，没有改变。
第三阶段	鲁阳县	秦始皇至唐贞观年间	鲁阳县由鲁阳邑演变而来。秦始皇统一六国，221年实行郡县制，鲁阳始设县。这一名称一直沿用到唐贞观元年（627年），可见"鲁阳县"之名，前后用了848年。
第四阶段	鲁山县	唐贞观至今	唐贞观元年（627年），改鲁阳县为鲁山县，因县东北十八里有鲁山。自唐贞观元年（627年）算起至今，鲁山用作县名有1300多年。可以说，鲁山县是千年古县。

二、鲁山县的历史文化

鲁山县地处中原腹地，与河洛盆地相接，在夏代毗邻夏都城，政区上长期属于古都洛阳京畿近地，处于中华文明发祥地的核心区域，历史悠久，文化底蕴丰厚。

（1）造字鼻祖仓颉葬地。仓颉是黄帝的史官，汉字的创始人。仓颉的父系为伏羲氏，母系为史皇氏。仓颉从小聪明颖悟，据《河图玉版》《禅通记》记载，仓颉曾经自立为帝，号仓帝，是上古时期的一部落首领，在位期间曾经于洛汭之水拜受洛书。首创文字，开创文明之基，于是黄帝任命他为史官。现鲁山仓头乡有仓颉祠，是全国唯一集造字台、祠堂和墓室于一体的古建筑和独特的"一墓三坟"古墓葬制。仓颉陵造字台上有古楹联"文字始创地，史官肇任处"，佐证了仓颉就任黄帝左史官的历史和文字初始创于此地的历史。该联相传为黄帝所赐，为全国的仓颉庙祠所独有。

（2）汉代冶铁遗址。古时，鲁山以"铁、瓷、丝、纸"四大特产闻名于世，铁在第一位，现遗存有汉代冶铁遗址。2000年11月，河南省文物考古研究所对新修鲁平大道地段进行考古发掘，在遗址内发现有冶铁炉基、水渠、房基、水井、煤渣、炉渣、红烧土、木炭、矿石、生铁块、陶范、铁范、泥范、犁铧范、锄范、墓葬、铁粉、犁铧农具等，文化层厚达2～5米，创造了四个世界第一：一是最大、最完整的冶铁高炉，有一废铁块重约30吨，推测该炉需150人以上换班；二是出铁口与出渣口分开连续作业，提高工作效率；三是利用自然河流作动力鼓风，节省劳力，推测拉风箱鼓风需20人合作；四是首次发现填料工作台，工作台在炉子后侧，设计科学合理。1963年6月该遗址被河南省政府公布为第一批省级文物保护单位，2006年5月被国务院公布为第六批国家级文物保护单位。

（3）百工之师鲁班故里。鲁班史籍多称其为"公输子""公输般"或"公输盘"，是春秋末年"鲁之巧匠"，是民间土木工匠世代供奉的祖师。民间流传着很多鲁班进行建筑设计与工具制作的神奇故事：他见鹰鹞在天空翱翔，就用竹子和麻绳做成竹鹞，可以三天不落，比墨子所做木鸢更胜一筹；还有攻城的云梯和雷车、石器、木器、铁器等，因之被百工匠人尊为鼻祖。鲁山遗留不少鲁班的历史遗迹，如鲁山瀼河乡黑石头行政村属下有一个自然村叫木匠庄；盆窑村近旁有山名风筝山；鲁山观音寺乡有鲁窑村，相传鲁班最早在这里指导挖窑洞，供山民居住。

（4）牛郎织女传说的原发地。鲁山是牛郎织女传说真正的原发地，据明嘉靖《鲁山县志》载："牛郎峒，在瑞云观下半山，面南，内立牛郎神，民间凡马、牛生疾者，祈祷有应。[4]""峒"后来习惯写为"洞"。鲁山的牛郎织女文化传承了几千年，时至今天，仍保留着其原生态的面貌，2009年2月18日，中国民间文艺家协会经过考察论证，命名鲁山为"中国牛郎织女文化之乡"。专家考证，牛郎织女的传说故事萌生于原始社会氏族饲养业和手工纺织业出现的末期，发展于以家庭为生产单位的农耕文明形成的春秋战国时期，完备于以自耕农为主体的农业文明成熟的秦汉时期。这个传说历时两千多年，由鲁山流布全国，鲁山不但有大量牛郎织女文化的遗址遗存，而且还有独特的民风民俗。

（5）墨子思想的发源地。墨子是鲁山人，这里有众多的文献记载、考古文物、文化遗迹、有口皆碑的民间传说故事、独特而又丰富的民风民俗，使墨子文化成为鲁山县的历史文化资源。墨子主张"兼相爱""交相利"，也就是合作双

---

[4]　[明] 姚卿修，孙铎纂. 明嘉靖《鲁山县志》卷一·疆域。

赢，构建和谐社会，现在来看仍有其积极意义。

（6）最早的屈原庙遗迹。据考证，最早的屈原庙遗迹在鲁山县境内。《后汉书·延笃传》所记载的屈原庙是现在所知正史记载的最早的屈原庙，延笃是"南阳犨人"，"永康元年，卒于家。乡里图其形于屈原之庙。"古犨县，现今不属南阳市，而属于平顶山市，在鲁山县境内。

（7）鲁山文庙。鲁山文庙创建于宋大观元年（1107年），金元以来多次重修。元至元二十年（1283年）的《鲁山县重修孔子庙记》、元至正四年（1344年）的《鲁山县加修宣圣庙记》、明天顺三年（1459年）的《儒学重修夫子庙碑》、万历二十五年（1597年）的《重修鲁山县儒学文庙记》以及清顺治十六年（1659年）、雍正八年（1730年）的重修碑均记了重修事宜。庙内现仅存大成殿和崇圣祠，1999年公布为河南省重点文物保护单位。庙内另存明清修庙碑八通，其中最大的一块是清乾隆年间刻立的创建崇圣祠碑，是研究鲁山文庙的重要资料。

（8）"鲁山八景"。明嘉靖《鲁山县志》卷八·古迹中记载"鲁山八景"，包括鲁山独秀、沙襄双澄、南华夜月、大胜晓钟、皇女温泉、黑山回照、商余灵药、琴台善政[5]。

鲁山独秀：鲁山县城东十余里有平地而起的露峰山，清朝诗人梅尧臣曾赋诗《鲁山山行》，曰："适与野情惬，千山高复低。好峰随处改，幽径独行迷。霜落熊升树，林空鹿饮溪。人家在何许，云外一声鸡"。相传，鲁山版本牛郎织女的故事就发生在这里。明嘉靖《鲁山县志》载："鲁山县因以名者，在县东十八里，俗呼露山，故县声相近之误，谓之独秀。以四（周）皆平原之野，此山孑然峻拔而四时挺秀。降灵诗曰：嵩高维岳，其意同与。"

沙襄双澄：沙襄双澄即沙河和襄河，沙河自东而西，襄河由北而南，两河汇流处为古时鲁山一大奇观。明嘉靖《鲁山县志》载："沙襄二水名。襄流至九宅村合于沙河，遶县之南五里，谓之双澄。以二水举皆澄澈，合而东注至汝同一清，涵太虚之美诗曰：泾以渭浊则为否矣。"

南华夜月：南华指古代鲁山南华观，今已不存。原址在今县委后院，被红砖红墙红楼房代替。明嘉靖《鲁山县志》载："南华观：在县治东南，道人王志

---

[5]　[明] 姚卿修，孙铎纂. 明嘉靖《鲁山县志》卷八·古迹。

安创于元之至正六年季，为兵燹。宣德六年，道人李希云首修之。成化四年，道人孙复恭重修南华夜月景在此。南华观名，在县丁字街迄西，为往来云水道人栖所。俗传张三丰至此，夜末灯火弗得，乃援笔画月形壁间，其光炫耀一室。三丰去后，每夜月色如故。故因名。今壁颓迹泯。"

大胜晓钟：鲁山大胜寺原址在县城南沙河北，今已不存。明嘉靖《鲁山县志》载："大胜寺名，旧在县治之南，有钟始造于金。世传此钟浮出沙河，铸自沙河。始悬于寺，每晓扣之，声闻远迩。后寺废，迁此钟于射团之南楼，今楼所钟亦废。"

皇女温泉：鲁山温泉主要分布在去往石人山途中的下汤、中汤、上汤，绵延百里，犹以下汤温泉开发历史最为久远。常洗温泉可驻容养颜，祛疾健体。郦道元《水经注》记载，商代王后曾来此沐浴，称"皇女汤"。明嘉靖《鲁山县志》载："去县五十里。旧名汤谷温泉，今按水经名皇女汤，乃商后良夜常浴之其所。泉发于山之谷中，热如鼎沸，里民引以为沐浴池。疮痍濯之即愈，有骊山神出之验。"

黑山回照：黑山即鲁山县城西黑山头。伏牛山余脉至此横插沙河，隔断平原与山区，现斩山开路，直通西部风景区石人山。相传东汉刘秀为王莽追赶，逃到此处，天黑难以辨路，刘秀举手向天祈祷，顿时夕阳回照，刘秀得以顺利脱险。明嘉靖《鲁山县志》载："黑山乃西山之名。在县西南二十五里，回照非今之有，世传汉光武帝为莽军所迫，值此昏黑，光武手祝天而夕阳回照之，有虞鲁指扐之应。"

商余灵药：商峪山位于鲁山县城东南马楼乡境内，山上古时盛产灵药，唐代诗人元结曾结庐在此。明嘉靖《鲁山县志》载："商余山名。去县东南二十里，唐元次山墓志云父延祖以鲁县商余山有灵药，遂家焉。至今民居其处，仰先哲之风。"

琴台善政：唐天宝年间鲁山县令元德秀体恤民生，在县城北廓筑台建阁，勤政之余登台抚琴与民同乐，百姓闻音纳粮，史称琴台善政。现琴台遗址仅为一土堆，隐于城内职工俱乐部院内。明嘉靖《鲁山县志》载："琴台台名，在县西北大古城之上。唐令元德秀德政优暇，筑土台鸣琴于上，于民偕乐焉。至今民目其台，仰政治之善。"

三、唐代赫赫有名的鲁山县

唐宋名瓷多以州名为称，而鲁山花瓷却是隔过了州，直接以鲁山县为名。因为鲁山县在唐代赫赫有名，是东都河南府属下汝州的一个大县，虽然在隋朝和唐初贞观元年（627年）之前设过"鲁州"，但以县为名的原因是，开元二十三年（735年）任鲁山县令的元德秀是唐玄宗李隆基发现并表彰的亲民爱民贤良县令的典范，在当时，无论朝堂还是民间，无人不知元德秀，无人不知鲁山县！

元德秀（约695—约754年），字紫芝，生于武周年间，卒于唐玄宗天宝十三年，唐朝河南人（现河南洛阳人），杰出思想家、政治家、军事家、文学家、教育家、音乐家。唐开元年间任鲁山县令，因政绩显著，为官清廉，后人称他为鲁山大夫、元鲁山，是以县令官职入《二十五史》的极少数人之一。《新唐书》记载："少孤，事母孝，举进士，不忍去左右，自负母入京师。既擢第，母亡，庐墓侧，食不盐酪，藉无茵席……既长，将为娶，家苦贫，乃求为鲁山令。[6]"当时的鲁山是偏僻山区，土地贫瘠、灾害频繁、赋税沉重、盗匪丛生、虎患盛行，民不聊生。原任县令弃官而去，元德秀就是在此情况下走马上任的。元德秀任鲁山县令后，廉洁奉公、以身作则，在他治理下，鲁山百姓不曾遭受盘剥和勒索。他道德高尚、学识渊博、为政清廉，深得人们尊敬和爱戴（见图3）。

元德秀不畏权贵、犯颜直谏、为民请命。735年，唐玄宗驾幸东都洛阳，准备在五凤楼下举行歌舞会演，要求方圆三百里内县令、刺史各自组织精彩的歌舞节目，以供皇帝观赏，还要根据所演节目优劣排出名次，进行奖赏和惩罚。于是各地地方官各显神通，而鲁山县令元德秀仅亲带乐工数十人步行至洛阳，在唐玄宗面前，元德秀和乐工们演唱了一首自编自导的歌曲《于蒍于》。唐玄宗大吃一惊，看了半天，别人都是歌功颂德、粉饰太平，只有这首歌曲是反映百姓疾苦，恳请圣贤之君抚恤百姓，减免赋税，为民请命的。当时还颇为清明的唐玄宗连连赞叹，为鲁山百姓免除三年赋税徭役[7]。鲁山百姓为感谢这位为民请命的好县令，捐资为元德秀修筑了一座琴台。

元德秀的事迹在《旧唐书》和《新唐书》都有记载。《旧唐书·元德秀

---

[6] [宋] 欧阳修，宋祁.《新唐书·列传》卷一百一十九·卓行 [DB/OL].

[7] [宋] 欧阳修，宋祁.《新唐书·列传》卷一百一十九·卓行 [DB/OL].

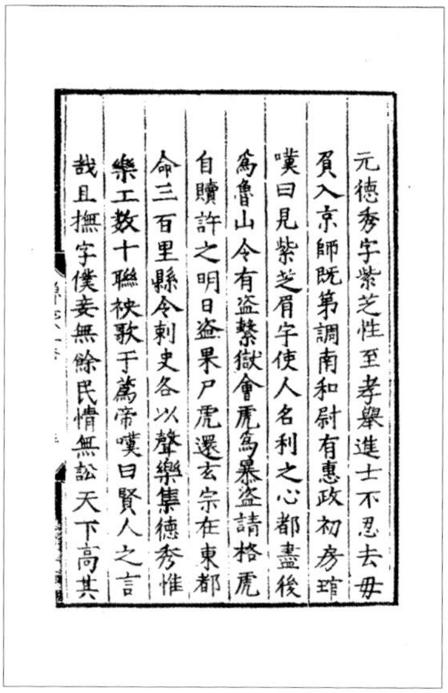

图 3 《鲁山县志》中关于元德秀的记载

传》称赞元德秀"琴觞之余，间以文咏，率情而书，语无雕刻。所著《季子听乐论》《蹇士赋》，为高人所称。门人相与谥为文行先生。士大夫高其行，不名，谓之元鲁山。[8]"《新唐书·卓行篇》称赞元德秀"善文辞，作《蹇士赋》以自况。""《于蔿于》者，德秀所为歌也。帝闻，异之，叹曰：'贤人之言哉！'。[9]"此后，元德秀常在琴台上读书弹琴，处理政事，史称"琴台善政"。他以琴传情、以琴理政、勤勉敬业、与民同乐，鲁山政通人和、万民乐业，一派和谐景象，受到上自皇帝和王公大臣，下至平民百姓的一致称赞，人们竞相歌颂，成为千古美谈。

　　元德秀去世后，唐代著名文学家李华为他撰写《元鲁山墓碣铭（并序）》，文学家元结为他撰写《元鲁山墓表》，大书法家颜真卿亲书，散文家、雕刻家李阳冰雕刻立碑，此碑被称为"四绝碑"。自唐以后，不少历史名人和文人骚客赋诗作文，创作出很多称颂元德秀的诗歌，不少诗作载入史册，流传甚广。著名的有唐代诗人萧颖士、元结、皮日休、孟郊、卢载、欧阳詹等；宋代大文学家苏轼、大诗人梅尧臣、诗人林同、晁冲之、徐钧等；金代文学家元好问；明朝诗人

[8]　[五代] 刘昫.《旧唐书·列传》卷一百四十·元德秀传 [DB/OL].

[9]　[宋] 欧阳修，宋祁.《新唐书·列传》卷一百一十九·卓行 [DB/OL].

黄桂林，明末清初著名诗人钱谦益等。李华在《元鲁山墓碣铭（并序）》中称赞元德秀善为文章，"所著文章，根元极则《道演》，寄情性则《于芳于》，思善人则《礼咏》，多能而深则《广吴公子观乐》，旷达而妙则《现题》，穷于性命则《蹇士赋》，可谓与古同辙、自为名家者也。[10]"元结在《元德秀赞》诗中称："英英先生，志行卓异。口唾珠玑，衬怀奎璧。家而孝弟，国而忠赤。至今鲁山，琴台百尺。"李华将他与萧颖士、刘迅合称"三贤"，特作《三贤论》。由此可见，元德秀在唐代文人墨客和政坛贤士心中的地位。

元德秀为政清廉、学识渊博、品德超绝、爱民若子、誉满天下，鲁山县之名，遂因县令元德秀而在全国一两千个县中赫赫有名。宰相宋璟与唐玄宗李隆基讨论鼓乐，又恰在这一时期，就无怪乎他们直称"鲁山花瓷"了[11]。唐宋名瓷多以州名为称，而鲁山花瓷却是隔过了州，以鲁山县为名，与元德秀的盛名是分不开的。今鲁山县城存有琴台旧址，"琴台善政"为鲁山古八景之一。

四、唐代制瓷业的六大成就

我国烧瓷业发展到了唐代，出现了以浙江越窑为代表的青瓷和以河北邢窑为代表的白瓷两大瓷窑系统，并出现了品评瓷器高下的专著——陆羽的《茶经》，瓷器的生产有了很大发展。唐代陶瓷业的成就体现在以下六个方面：

匣钵的使用。匣钵的使用是唐代瓷业装烧技术的一个重大贡献。越窑在中唐以前，多采取叠烧，用明火烤成。凡碗、盘等圆器，都逐层叠烧，以增加装烧量，所以器底很厚，碗、盘的内外底均留有支烧痕迹，釉面也不可避免有烟炱或沙粒黏附。中唐以后，匣钵的使用使越窑成为一代名瓷，促成了五代时期越窑青瓷的新发展。

青瓷质量提高。唐代，越窑青瓷的质量已大为提高，原料经过很好地粉碎、淘炼，瓷胎胎质细腻致密，不见分层现象，气孔也少，胎色呈灰、淡紫等色。成型技术也普遍提高，器型规整，碗、盘、执壶等胎面光滑，釉层匀净，坯体显著减轻，足壁外撇，制作十分认真。釉料处理和施釉技术也较前有很大改进，釉面

---

[10] 李华. 元鲁山墓碣铭（并序）[A]. //[清] 董诰等编. 《全唐文》卷 0320[DB/OL].

[11] 潘民中. 鲁山花瓷的前世与今生 [N]. 平顶山日报，2018-07-18.

均匀、开细纹片，没有剥釉现象，呈色黄或青中泛黄，滋润而不透明，隐露精光，如冰似玉。

白瓷的完善。邢窑是北方最先烧成白瓷的名窑，并且是把白瓷提高到"白如雪"的高水平的重要瓷窑。邢窑"类银""类雪"的白瓷在邢窑白瓷的产量中仅占少数。这类白瓷采用优质原料，制作精细、造型规整、胎质坚硬、釉色洁白，河北省邯郸陶瓷公司研究所对之作了初步测定，邢瓷细瓷的白度大约在700（w）以上。虽然陆羽从品茶的角度抑邢而扬越，认为越窑瓷器质量应在邢窑之上，从窑址中发现，邢窑确是大量生产粗白瓷，陆羽贬之也不无道理。但是，我们从《茶经》的记载里知道，北方邢窑白瓷和南方越窑青瓷在唐代是齐名的。

发明釉下彩工艺。"釉下彩"是唐代制瓷工艺的新成就之一。唐代越窑青瓷采用刻划花装饰，浙江临安唐水邱氏墓出土的越窑青瓷即采用褐色釉下彩绘装饰。然而越窑的釉下褐彩并没有发展起来，北方邢窑也仍然采用刻划花装饰，唯独湖南的长沙窑发展了釉下彩。釉下彩的运用，为瓷器装饰开辟了一条新的途径。长沙窑初期采用模印贴花装饰，为了突出它的效果，往往又在贴花上再施褐色彩斑，然后施青釉。釉下纹饰的大量出现为后世釉下彩的继续发展创造了条件。

唐三彩的创烧。唐代陶瓷生产中的另一突出成就，就是"唐三彩"迅速发展。在唐代以前的北朝时期，尽管出现过黄绿彩陶器，被视为唐三彩的前身，然而它毕竟还不是三彩。唐代的三彩釉陶是唐代厚葬之风的产物，虽是陶器，但与一般低温釉陶不同，胎体用白色黏土制成（高岭土），釉料则用数种金属氧化物为着色剂，主要有3种：用氧化铜烧成绿色，氧化铁烧成黄褐色，氧化钴烧成蓝色，并用铅作釉的溶剂，利用铅在烧制过程中的流动性，烧成各种色调。唐三彩是两次烧成，先是在1100℃左右的高温下烧出素坯，然后在已素烧过的胎体上施釉，再经900℃低温烧成。

花瓷的创立。"花瓷"的出现是唐代陶瓷工艺又一大成就。所谓"花瓷"，是指一种黑釉带乳白色或乳白中呈现针状蓝色斑的瓷器，器型主要有壶、罐、拍鼓等，故宫博物院藏唐黑釉斑点纹拍鼓是它的代表作，被称为"唐钧"，在河南郑州、泌阳、郏县等地的唐代墓中出土较多。

第二节 鲁山烧造花瓷的有利条件

一、地理条件

鲁山县位于河南省中西部，伏牛山东麓，淮河水系的沙河上游，东邻宝丰县、叶县，西邻嵩县、汝阳县，南邻方城县、南召县，北邻汝州市和平顶山市石龙区。鲁山县地势西高东低，西、南、北三面环山，呈扇形阶梯状由西向东展开，西部为秦岭东延的外方山脉和伏牛山脉，中部为丘陵岗地，东与黄淮平原相连，地貌类型多变，有山脉、丘陵、平原、河流、湖泊、盆地等。

西部最高山峰为尧山，因三皇五帝之一的尧帝在此活动，夏代，尧之裔孙刘累在此立尧祠祭祖而得名，因山上众多石峰酷似人形，又因山上有一高数丈俊秀威严的玉皇石人，唐以后便又称之为石人山、大龙山。《山海经》《汉书·地理志》《水经注》等史籍均有记载。据明嘉靖《鲁山县志》记载："（尧山）在县西北十五里滍水所出，昔尧之孙刘累以豢龙事，夏后惧罪逃于鲁，立尧祠于此，故名。[1]"尧山地处伏牛山脉东段，鲁山县西部，为国家重点风景名胜区、国家地质公园，集"雄、奇、秀、险、幽"于一体。

关于鲁山县的来历，据明嘉靖《鲁山县志》记载："（鲁山）在县之东一十八里，平原突起山峰，为一邑之镇，故县以名，俗呼露山，盖声相近之误也。时值云覆其顶，占其为两候，云散占其晴明。万历有验，允济民时，上建瑞云观，有碑记，见艺文。[2]"由此可见，鲁山县之名源自县城东9千米的鲁峰山，俗称露山坡；而鲁阳县之得名，系因县治（即县城）位于鲁山之阳。

---

[1] ［明］姚卿修，孙铎纂. 明嘉靖《鲁山县志》卷一·疆域。

[2] ［明］姚卿修，孙铎纂. 明嘉靖《鲁山县志》卷一·疆域。

其实，广义上的鲁山，不仅指城东9千米孤峰鲁山坡，而是指西南自尧山发脉，顺木札岭向东北方向延伸，经蒸馍顶、焦山、钢山至鲁山县与汝州市、汝阳县交界之岘山，再折向东偏南，历五垛山、铁山、娘娘山到恃山南折至鲁山坡，这条大致呈"∏"形山系的总称。不管是秦汉魏晋时期，还是北魏孝文帝元宏迁至今县城，鲁山县城都处在这条山系南侧的怀抱里[3]。

鲁山亦名露峰山，在鲁山县城东9千米处，乃平原突起而成，拔地而起，孤峰独秀，远看是一个锥形的山峰，相对高度232米，主峰海拔349米，为鲁山古八景之首，史称"鲁山独秀"。露峰山顶旧时有唐代建筑瑞云观和高达30米的元武塔。"瑞云观：在县东十八里，鲁山之顶。宋崇宁年间，邑人王道创始。元季兵燹，永乐十年，民人陈鲁信重修。[4]"现在瑞云观和元武塔已重建。露峰山南麓有牛郎洞和九女潭的旧址，九女潭边有九女庙及龙王庙，潭边石头上还留有仙女洗衣时放棒槌的痕迹，传说为王母娘娘"九女"（即织女）洗衣的地方。相传，鲁山版本牛郎织女的故事就发生在这里。

鲁山地处亚热带向暖温带的过渡区，属暖温带半湿润大陆性季风气候，四季分明、雨量充沛、日照充足。以春旱多风、夏热多雨、秋温气爽、冬旱少雪为特征，年均气温14.7℃。鲁山温泉资源丰富，主要分布在去往石人山途中，自西而东依次分布着下汤、中汤、上汤等绵延百里的温泉带。据明嘉靖《鲁山县志》记载："（温泉）有三，其水热沸，俗呼为上汤中汤下汤，俱在县西，而下汤去县惟五十里，居民常引为沐浴池，疮痍濯之皆愈。[5]"北魏郦道元《水经注》中称鲁阳温泉"可疗万疾"。

鲁山境内河流均属淮河流域，颍河水系的沙河上游，流域面积大的支流有19条，依次汇入沙河。沙河古称滍水，系淮河上游北侧的一条支流。历史上，沙河航运发达，水上交通十分便利，四方商贾云集、舟楫货运繁忙，发达的水陆交通把它们连接起来，精美瓷器通过舟船运往四面八方[6]。鲁山八景之一的"沙襄双澄"，即指沙河和襄河，沙河自东而西，襄河由北而南，两河汇流处为鲁山一大奇观。而段店窑遗址就坐落于大浪河畔，在辛集乡程村汇入沙河。

---

[3]　潘民中. 鲁山花瓷的前世今生 [N]. 平顶山日报，2018-07-18.

[4]　[明] 姚卿修，孙铎纂. 明嘉靖《鲁山县志》卷一·疆域。

[5]　[明] 姚卿修，孙铎纂. 明嘉靖《鲁山县志》卷一·疆域。

[6]　李辉柄、李知宴. 河南鲁山段店窑 [J]. 文物，1980（5）：60.

唐宋文人墨客写下了不少赞美鲁山风景的诗句：

游陆浑南山自歇马岭到枫香林以诗代书答李舍人适
[唐] 宋之问

细岑互攒倚，浮巘竞奔蹙。

白云遥入怀，青霭近可掬。

醉酒石处
[唐] 李白

五岳登游罢，抱壶尧山行。

白日兴未尽，醉酒借月明。

鲁山山行
[宋] 梅尧臣

适与野情惬，千山高复低。

好峰随处改，幽径独行迷。

霜落熊升树，林空鹿饮溪。

人家在何许，云外一声鸡。

二、交通条件

关于鲁山县的疆域，据明嘉靖《鲁山县志》记载：

四至
东至任店，抵叶县为界七十里；
西至没大岭，抵嵩县为界一百五十里；
南至白沙岭，抵裕州为界五十里；
北至清条岭，抵汝州为界三十里。

八到
东到叶县九十里路，通汝宁府；

西到嵩县一百八十里路，通卢氏县；

南到裕州一百五十里路，通唐县；

北到汝州一百三十里路，通河南府；

东南到泌阳一百六十里路，通确山县；

西南到南召县九十里路，通南阳府；

西北到伊阳县一百五十里路，通陕州；

东北到宝丰县五十里路，通许州、钧州[7]。

可见，鲁山处于通衢之地，交通十分发达。段店村隶属梁洼镇，梁洼镇古称桃花店，地处宛洛古道上，宛洛古道先秦称古夏路，是古代洛阳至南阳之间的交通要道，段店窑产品可以从这里走陆路南下和北上。古代从南阳到洛阳有两条道路：一条经汝州、宝丰走叶县，该路较宽阔平坦，但路程较远；另一条经汝州、石龙区、鲁山，再向南进入南阳。该古道途经山区，道路奇险，但路程近，叫作"三垭（意为两山之间的狭窄地方）路"，读音讹变为"三鸦路"。宛洛古道从洛阳出龙门山和香山之间的伊阙，经伊川、汝州、宝丰到达南阳。因为古代交通是"南船北马"，南阳属于长江流域，境内河流大多注入汉江，再入长江。南方来的货船到南阳之后，必须走宛洛古道到达北方，宛洛古道一直是南方通往中原的要道，是南北经贸通商的大动脉。这是一条千年古道，是古都洛阳通往荆、襄、鄂的重要通道，同时也是向东都洛阳运送贡品的必经之地。

在唐代，"游戏宛与洛""乘车出宛洛"这样的诗句也格外多，足见来往于宛洛古道的人流很密集。这里走过刘秀的车马旌幡；杜甫《闻官军收河南河北》中，"便下襄阳向洛阳"走的就是这条道；李白与朋友作别之后，"挥手自兹去，萧萧班马鸣"，踏上的也是这条道。据说，洛阳汝阳、平顶山汝州与南阳邓州等地的口音比较接近，就是因为这些地区历史上因古道而联系紧密。这条道路直到清朝依旧繁盛，然而随着近代铁路的修筑，南北通道东移，从郑州经驻马店、信阳入湖北，抵达武汉，南阳由于位置不在京广线上，其重要性已经不可同日而语。

---

[7]　[明]姚卿修，孙铎纂. 明嘉靖《鲁山县志》卷一·疆域。

三、人文历史

鲁山古称鲁阳，自汉置县，唐始名鲁山，至今已有两千多年的历史。可见，鲁山县历史悠久，文化底蕴深厚，境内古迹众多。

在六十万年前，鲁山的南部山区就已有人类活动。炎黄五帝时期，鲁山是华夏民族的重要活动地域，迄今已发现远古化石5处；新石器时代文化更多，古城遗址7处。其中，邱公城遗址文化层厚4.5米，下层为仰韶文化，中层为龙山文化，此处除出土大量石斧、石铲、石镰、石纺坠等石器外，还有瓶、罐、钵、碗等陶器。奴隶制社会与周、秦、汉、唐、宋村落47处，仓头乡下街出土的青铜器兕觥、父庚尊和父乙提梁卣，皆为文物精品。境内有中国最古老的楚长城遗址，汉代名将张良、萧何、韩信的练兵、屯兵场，东汉开国皇帝刘秀的招兵台以及望城岗汉代冶铁遗址；有唐代的古琴台遗址，唐宋段店瓷窑遗址、颜真卿书元次山碑等国家级文物保护单位。这里曾孕育出伟大思想家墨子、唐代文学家元结、宋代抗金名将牛皋等一大批历史文化名人。鲁山还是"中国牛郎织女文化之乡"，牛郎织女的故事就发源于这里。

鲁山县古属汝州辖，因古窑坐落在段店村，也称为段店窑。段店窑是唐代著名窑口，在盛唐时期以烧制花釉瓷闻名于世。梁洼镇位于县境东北15千米处，面积63.5平方千米，因地势低洼，且由梁姓人家率先建宅而居，故称梁洼，俗称洼街。梁洼镇是一个千年古镇，古称桃花店、应源镇、锡安镇。据明嘉靖《鲁山县志》记载："桃花店：昔晋太子潜龙尝避黄墩之难经此，谓桃花殊盛，姑名。[8]"这里陶瓷工艺历史悠久，汉唐以来一直以煤炭、陶瓷生产为主，在今梁洼镇西南500米处有陶瓷古窑址，被称为"桃花店瓷窑遗址"。

这里有很好的生产瓷器的条件：丘陵环绕，依山傍水，沙河的支流大浪河从窑场旁边流过，用水和运输都很方便；地下富藏煤田，村庄附近就有煤，煤层露在地表，平顶山煤矿距此也不远；地表多矾土，在村西南前方的洞沟岭上就有制瓷原料[9]。制瓷的原料、烧瓷的燃料、制瓷需要的水源，在这里均可就地取材，因此在此处设窑烧造瓷器，具有得天独厚的优势。在唐朝，这里是中国

---

[8] [明] 姚卿修，孙铎纂. 明嘉靖《鲁山县志》卷一·疆域。

[9] 李辉柄，李知宴. 河南鲁山段店窑 [J]. 文物，1980（5）：60.

很大的陶瓷产区，制瓷原料、燃烧原料丰富，水陆交通极为方便，为陶瓷的制造、运输、贸易提供了条件[10]。段店窑东边有宝丰，东北边有郏县、禹县、密县，北边有临汝、登封，西北有宜阳等瓷窑。在宝丰清凉寺与鲁山段店之间，瓷窑连绵数千米，曾有俗语"从清凉寺到段店一日进万贯"，当时的繁荣景象可见一斑。段店除了祖师庙、黑山庙、上万寿寺、下万寿寺[11]，还建有窑神庙、西窑神庙[12]等。

四、矿产资源

鲁山县储藏有丰富的矿产资源，有煤、铁、铝矾土、石膏、花岗岩等7大类40多种。铜、萤石、石膏、硅灰石、玄武岩、石墨等在平顶山辖区属独有矿种，磷、冶金白云岩、石膏、耐火黏土、饰面花岗石、含钾岩石、建筑用砂等矿产资源储量在平顶山市占有优势地位，磷矿和石膏矿资源储量在河南省占有优势地位，尤其是与制瓷业有着密切关系的煤、耐火黏土、玛瑙、石英、紫砂陶土、长石等就地可取，且易于开采。其中大多数矿产都是陶瓷制作的主要原料，为陶瓷的生产提供了物质条件。

鲁山县煤炭资源丰富，地下富藏煤田，煤层浅、易开挖，为产煤、瓷土区域。史料记载，汉代时这里就已经开始采煤。邻近伏牛山脉，木炭资源也十分丰富。清嘉庆《鲁山县志》载："梁洼一带，采取石煤，易开易竭，故未通报成窑，然用以代薪"[13]。当地人在开挖房基时在瓷片积聚处发现煤、木材燃烧后的遗物。因此判断，唐代烧制陶瓷的燃料为木材和煤炭两种（见图4）。

段店古窑址地理位置优越，位于南北主要干道，是古代南方通往西北，洛阳、西安的必经之路，至少从汉代到元之前，一直地处京师腹地，与唐代古都长安、宋代古都汴京相距不远，北宋两京周围，因此窑业最为发达；这里盛产

---

[10]　李辉柄，李知宴. 河南鲁山段店窑 [J]. 文物，1980（5）：52.

[11]　古寺庙遗址：①祖师庙. 徐志载：在北乡段店，已废。②万寿寺. 董志载：在县城北段店，有二，一名上万寿寺；一名下万寿寺。已废。③黑山庙. 徐志载：在北乡段店，已废。清康熙三十三年王雍《鲁山县志》载："万寿寺在段店。有二，其一名上万寿寺，一名下万寿寺"。据当地流传："此寺建于唐，当时上、下寺占地50亩，房60余间，石碑30座。"尹崇智. 鲁山县志 [M]. 郑州：中州古籍出版社，1994：72.

[12]　《鲁山县志》载："窑神庙 在东北乡，已废。""西窑神庙 在东北乡梁家洼，已废。"尹崇智. 鲁山县志 [M]. 郑州：中州古籍出版社，1994：723.

[13]　[清] 董作栋. 鲁山县志 [M]. 清嘉庆元年本 。

图 4 炭和炉渣

煤、高岭土，瓷土、燃料、运输等制瓷条件得天独厚，具有优越的制瓷条件，长时间的技术积累和声誉，唐宋时期形成了一个大的陶瓷产区，成为中原地区规模庞大的瓷窑群。因其烧瓷时间长，在近1平方千米的窑址范围内，形成了密集的窑场，有张家窑、李家窑、段家窑、王家窑、哥弟窑等诸多小窑；制瓷工艺技术的交流也很频繁，一个作坊创新，其他各窑则竞相模仿[14]。因此，在唐代，段店一带就日夜窑火映天，有"窑火照天红，窑烟遮蔽日"的景象，其烧制的瓷器产量巨大，工艺精湛、器型规整、瓷种丰富。

[14] 李辉柄，李知宴. 河南鲁山段店窑 [J]. 文物，1980（5）：60.

第三节　鲁山花瓷的调查过程

1300年前的盛唐时期，有一天，唐玄宗和宰相宋璟谈论音乐，就谈到鲁山花瓷：

"宋开府璟，虽耿介不群，亦深好声乐，尤善羯鼓，始承恩顾，与上论鼓事，曰：'不是青州石末，即是鲁山花瓷。'[1]"

这是唐代皇帝与宰相提到的唯一一次关于瓷器的记录。这至少说明，在当时，鲁山花瓷是名牌陶瓷产品。但是这种瓷器已经失传，淹没在历史的尘埃中，后人一直不得其详。

北京故宫博物院收藏的花瓷腰鼓，长59厘米、口径22.2厘米，呈长圆筒形，两头粗、中间细。鼓身凸起棱形线弦纹七道，通体黑釉为地、饰以乳白、蓝色斑块，规则排列分布于全器，器物粗犷豪放，斑块自然缥缈。因为是传世品，非考古发掘出土，所以在相当长时期，没有人知道其烧制窑口（见图5）。

一直到20世纪50年代，故宫博物院古陶瓷专家陈万里、冯先铭根据《羯鼓录》中关于"鲁山花瓷"的记载，对河南地区的窑址进行调查，首次发现了鲁山花瓷[2]。1977年又以故宫博物院为主导进行了窑址复查，在鲁山段店和禹县的上白峪发现了烧制花瓷的唐代窑址，调查中首次采集到了与传世花瓷腰鼓所对应的瓷片标本，进而引起了学术界的广泛关注。

---

[1] 《羯鼓录》是唐宣宗大中年间（847—859年）黔南观察使南卓所编著唐代音乐珍贵史料书。这段话中的"宋开府璟"指宰相宋璟，"上"指唐玄宗李隆基。

[2] 陈万里，冯先铭. 故宫博物院十年来对古窑址的调查 [J]. 故宫博物院院刊，1960（00）.

图 5 北京故宫博物院收藏的花瓷腰鼓

一、历次调查

1950 年

1950年11月，为了查清花瓷的出处，陈万里、冯先铭来到河南，在临汝县、宝丰县和鲁山县三县进行调查，发现了段店窑遗址。陈万里是将文献记载与田野调查相结合，进行古陶瓷研究的第一人。他对河南鲁山地区的古代窑址进行了第一次田野调查，虽采集了一些标本，但并没有花瓷标本，他在调查段店窑的记录中写道："宝丰青龙寺、鲁山段店两处，就现在散布碎瓷片的面积看来，在当时实在是一个极大的烧瓷山场。而段店比青龙寺的范围还要大，段店寨墙上粘满了各种碎（瓷）片，就连屋墙路面也是，可以想见当年烧瓷山场的繁盛"[3]（见

---

[3]　陈万里，冯先铭. 故宫博物院十年来对古窑址的调查 [J]. 故宫博物院院刊，1960（5）：112.

图 6　粘满各种瓷片的墙壁

图6）。不过，当时在段店采集的瓷片有白釉瓷片、白釉刻花瓷片、白釉划花瓷片、黑釉瓷片、芝麻酱釉瓷片，但是没有发现花釉瓷片。

1964 年

1964年，郏县修建老虎洞水库时，工作人员在黄道乡发现了唐代窑址，窑址面积很大，堆积层厚80~150厘米，意外发现了花釉瓷器标本，虽然没有发现腰鼓的标本，但当时学者们把花瓷腰鼓的产地视为郏县黄道窑。但是经过仔细对比，发现黄道窑瓷片釉面釉光较暗，窑变蓝斑较淡，而故宫博物院馆藏花瓷腰鼓黑色明亮，窑变蓝色绚丽，因此判断，郏县黄道窑烧制花瓷的技术不是十分成熟，和故宫博物院馆藏花瓷腰鼓釉色不太相符。后来又先后在河南内乡、禹县及山西交城发现了花瓷腰鼓残片，但这些花瓷腰鼓残片无论从胎质、釉色还是造型看，都与故宫博物院所藏花瓷腰鼓不尽相同。

1977 年

1977年，故宫博物院古陶瓷专家李辉柄、李知宴再次来到鲁山段店窑调查，发现段店窑遗址的范围东西约250米，南北约200米，堆积层一般厚两三米，最厚的地方达四五米。实地勘察后发现有黑釉花瓷瓷器残片30多片，其中花瓷腰鼓残片5片[4]。同时还采集有钧釉瓷片、青釉瓷片、白釉瓷片、黑釉瓷片、酱釉瓷片及三彩陶器、制瓷工具。经过深入研究，并与故宫博物院藏传世腰鼓认真对比，最后认定段店窑的残片与故宫博物院藏传世腰鼓型制、釉、胎完全相同，与传世腰鼓的胎色、厚薄、凸起弦纹及斑点装饰完全一致，仅釉色稍有差异，从而解开了花瓷腰鼓的产地之谜。原来，《羯鼓录》中谈到的"鲁山花瓷"，就是段店窑烧造的产品[5]。

1980 年

1980年，故宫博物院李辉炳、李知宴及河南省博物院王雨刚对鲁山段店窑进行第二次田野调查，采集到花釉壶、罐、瓶类的标本，同时还采集到5片花釉腰鼓标本，与故宫博物院院藏花瓷腰鼓完全吻合。这更印证了《羯鼓录》关于"鲁山花瓷"的记载。

1986 年

1986年9月，河南省文物研究所与鲁山县人民文化馆联手，对段店窑进行了又一次复查，河南省文物研究所古陶瓷专家赵青云、赵文军与鲁山县人民文化馆王忠民在复查过程中发现当地村民正在建房挖地基，于是收获了大量瓷片和窑具，其中有许多基本完整或可以复原的器物。"这次采集的遗物有花釉、黑釉、青釉、白釉、酱釉、白地黑花、黄釉、钧釉瓷器和三彩釉陶等，其中白

---

[4] 腰鼓残片共发现5个个体，第一件个体，内壁呈黑褐色，外壁黑釉较深，光泽不好，发木光。在黑釉上以乳白色浇画成大片叶状斑块，乳白色中有针状蓝色斑纹。彩斑有厚有薄，与釉层密合得相当好，在脱落处可以明显看出彩斑后挂的粘接痕迹，这一个残片是腰鼓的中段，胎厚0.5～1.1厘米。第二件是腰鼓的鼓头，弧度较大，竹节状突棱较浅，外壁施黑褐釉，比较光润，上挂乳白、蓝色彩斑，胎厚0.7～1.2厘米。第三件胎体很厚，胎色灰白，细密坚硬，胎厚1～1.4厘米。釉层0.02～0.1厘米，釉上的彩斑处较厚，内外壁施黑釉，彩斑在腰处连成一片。第四件内壁的黑釉漆黑光亮，品质很高。

[5] 李辉柄，李知宴. 河南鲁山段店窑 [J]. 文物，1980（5）：60.

釉瓷器器表装饰丰富，有珍珠地划花、剔刻花、红绿彩和白地黑花等。少量印花青瓷与带紫红斑的钧瓷，其烧造技术、釉色、印花技法和窑变工艺已达到相当高的水平，当为段店窑的高档产品。推断该窑址创烧于初唐，兴盛于宋金，至元代衰落，是一处重要的民间制瓷窑场。[6]"此次复查不但厘清了鲁山花瓷的工艺特征和段店窑的烧造历史，增加了对段店窑的烧造品种和产品特征的了解，而且发现了数量较大的腰鼓瓷片标本；进一步确立了段店窑遗址的范围、遗址的堆积厚度，采集了大量的花釉标本，其中有数量较多的黑釉花斑腰鼓残片[7]（见表2）。

表2　1986年调查采集瓷片标本类型

类别	器型
花釉瓷器	腰鼓、注子、缸、罐、瓶、盆、碗、钵、炉、枕、盒
黑釉瓷器	注子、罐、葫芦瓶、碗、钵、盘、盂、灯、盒、器盖
青釉瓷器	碗、盘、盂、洗、盒、器盖
白釉瓷器	注子、罐、碗、盘、盏、酒盅、鸟食罐、灯、器盖和狮子狗
白地黑花瓷器	罐、盆、碗、盘、灯
珍珠地刻花瓷器	小口瓶、枕等
黄釉瓷器	炉、钵、枕、器盖、狮子狗等
三彩陶器	炉、瓶、枕、小马和狮子狗、人头像及三彩花模等
酱釉瓷器	碗、盘、钵、盒、瓶、盖等
天目瓷器	瓶、盂、碗、器盖等
钧瓷	盘、碗等

1990年

1990年10月至12月，河南省文物考古研究院孙新民、郭木森、陈彦堂等首

---

[6]　孙新民. 前言 [A]，// 河南省文物考古研究院、平顶山博物馆、鲁山县段店窑文化研究所. 鲁山段店窑遗珍 [M]. 北京：科学出版社，2017：2.

[7]　朱宏秋、郭灿江. 斑斓多变的釉色——河南博物院藏花釉蒜头壶 [J]. 文物天地，2015（03）：56-59.

次对鲁山段店瓷窑址进行了科学的考古发掘，虽然发掘面积只有200平方米，但也取得了一些重要收获[8]。

一是对该窑址的分布情况有了初步了解。段店窑址主要分布在沙河的支流大浪河的西岸台地上，段店村直接叠压在窑址上。工作人员分别在段店村南、中、北部布方发掘，从出土遗物判断：段店村委会以南区域为唐代堆积；村委会以北的村庄区域，其下为宋金时期堆积；村庄以北主要为元代烧造区。

二是揭示了该窑址的文化堆积及烧造年代。从发掘情况看，该窑址的文化堆积厚2米以上，大致可分为五六层，分属于唐、宋、金、元四个时期。唐代是该窑址的创烧时期，主要有黑釉和花釉瓷。宋金时期生产规模扩大，烧制品种丰富，主要产品有青釉、白釉、黑釉和三彩制品等。青釉瓷发现有少量满釉支烧的器物，釉呈纯正的天青或青绿色，釉质莹润，造型规整，与汝窑瓷器的制作工艺相同。白釉瓷器器表装饰繁多，有珍珠地划花、红绿彩和白地黑花等。元代该窑址继续烧造，但生产品种减少，多见钧釉和白地黑花瓷，不少白釉碗内底部绘有草叶纹或墨书文字款。这次发掘出土的花釉执壶、腰鼓、三足盘、天青釉洗、钧釉凹足盘、白地黑花盖碗和鱼纹盆等器型，皆制作精致，是该窑址有代表性的产品。

三是发现宋代炕房、窑炉和澄泥池等与制瓷相关的遗迹。炕房内残留有两个方形柱础石和炉渣铺垫的地面，地面下保存有比较完整的砖砌火道，火道东西长达17米，在东端作环形弯道与窑炉相连。窑炉砖砌，由工作坑和燃烧室等组成，工作坑内还遗留有烧煤痕迹。澄泥池平面略呈方形，是在土坑内用残匣钵或石块垒砌四壁[9]。

由此可见，花瓷最初由文献记载，到与北京故宫博物院藏的花瓷腰鼓实物印证，找到其确切的产地和窑口，是通过文博界、考古界众多学者的努力，一步步实现的。通过历年来对鲁山段店窑址的调查与发掘，得出以下结论：

首先是明确了鲁山段店窑的制瓷历史和产品特征。考古发掘证明，该窑始烧于唐初，延续至元明，前后经历一千余年，唐代时创烧，产品主要有黑釉和

---

[8] 孙新民. 鲁山县段店窑唐至元代瓷窑遗址 [A]. // 中国考古学年鉴（1991）[M]. 北京：文物出版社，1992：237-238.

[9] 孙新民. 鲁山县段店窑唐至元代瓷窑遗址 [A]. // 中国考古学年鉴（1991）[M]. 北京：文物出版社，1992：237-238.

花瓷，以鲁山花瓷最具典型性。一般施釉较厚，常见碗、盘、瓶、罐、执壶和腰鼓等器型。

其次是确定了唐代鲁山花瓷腰鼓的产地。因20世纪60年代首先在郏县黄道窑发现花瓷标本，有学者曾一度认为，花瓷就是黄道窑的产品。实际上，唐代生产花瓷的窑口很多，河南地区烧制花瓷的窑口主要有鲁山县段店窑、郏县黄道窑、内乡县大窑店窑和禹州市下白峪窑等，其中以段店窑的花瓷质量最好。

其三是确定了故宫博物院花瓷腰鼓的出处。据《羯鼓录》的文献记载，从20世纪50年代到20世纪80年代，众多陶瓷专家多次对鲁山段店窑进行调查，采集到5块腰鼓残片，与故宫博物院所藏实物完全一致。考古调查进一步证实，故宫所藏花瓷腰鼓为鲁山段店所产，与《羯鼓录》等记载相吻合，从而认定传世花瓷腰鼓出自鲁山段店窑[10]。

二、段店窑遗址

段店窑遗址因位于鲁山县梁洼公社的段店村而得名，宋时属汝州所辖，北与宝丰清凉寺汝窑相距25千米。当地瓷土、煤炭资源丰富，为陶瓷生产提供了非常便利的条件。段店窑遗址范围为鲁山县段店村、村北耕地、段店中学原址和河东岸一带，南北长1100米，东西宽700米，面积约有77万平方米。主要分布在段店村及周边区域，主要堆积在村的西边和北边，这里窑炉众多，文化遗存非常丰富，堆积层一般为两三米，厚的地方达四五米[11]。周围其他地方堆积不厚，只有零星遗存。方圆几千米内作坊密布，古瓷片俯拾皆是，窑址西北部可以看到由表及底，依次叠压着明、元、宋、唐历代瓷片。遥想当年，段店窑周围一定是烟焰蔽空、炉火相望、窑匠云集、昼夜不歇。

工作人员通过调查发现了大量的瓷器标本和窑具，标本显示，段店窑的生产年代自隋晚期创烧，经过唐宋的繁荣，延续至元明，历经一千余年，是河南省烧制瓷器最长的古窑址，烧制时间之长、品种之齐全、遗物之丰富，在全国都是罕见的。段店窑瓷器品种齐全，花色多样，其中有唐三彩、鲁山花瓷、

---

[10]　潘民中. 唐玄宗与鲁山花瓷 [N]. 平顶山日报，1990-04-27.

[11]　孙新民. 鲁山县段店唐至元代瓷窑遗址 [A]. // 中国考古学会编. 中国考古学年鉴(1991 年)[M]. 北京：文物出版社，1992.

图 7 全国文物保护单位段店瓷窑遗址

宋钧、元钧、宋汝官瓷等。唐代主要生产黑瓷、花瓷，宋金元时期主要生产黑瓷、白瓷、酱釉瓷、三彩等[12]。

1986年11月，段店窑遗址被公布为县级文物保护单位。

2000年9月25日，河南省人民政府将段店瓷窑遗址公布为第三批省级文物保护单位。划定保护范围面积为500米×500米=25万平方米。

2001年9月，鲁山县政府成立段店瓷窑遗址文物保护管理所，完善"四有"（有保护组织、有保护范围、有保护档案、有保护标志牌）工作。

2004年3月，根据河南省文物局[2004]34号文件《关于调整国家级、省级文物保护单位保护范围的通知》，重新调查段店瓷窑遗址，调整保护范围为77万平方米。

2006年5月25日，国务院以国发[2006]19号《国务院关于核定并公布第六批全国重点文物保护单位的通知》，核准段店瓷窑遗址为全国第六批重点文物保

---

[12] 李辉柄、李知宴. 河南鲁山段店窑 [J]. 文物，1980（5）：52.

护单位，编号为Ⅰ—152（见图7）。

2021年6月10日，鲁山花瓷入选第五批国家级非物质文化遗产代表性项目名录。

第二章

鲁山花瓷的发展历程

第一节 鲁山花瓷的创烧时间

"鲁山花瓷"最早记载见于唐代南卓的《羯鼓录》[1]。唐人南卓，字昭嗣，大中黔南观察使。曾于会昌元年为洛阳令，又称大中四年春阳罢免。南卓在自序中说明了此书的来历：在会昌元年（841年），南卓任洛阳令时，数次与白居易、刘禹锡宴游论文，谈论羯鼓事，白、刘二人遂劝其撰写《羯鼓录》。《羯鼓录》分前后录，前录成书于大中二年（848年），后录成于大中四年（850年），记录了羯鼓源流、有关羯鼓的故事，以及羯鼓诸宫调曲名、佛曲、食曲之名。《羯鼓录》所记多为开元、天宝年间，天子名臣、王公贵族之轶事，可以说，集中记载了唐代的音乐史料，实在难能可贵。

据书中内容可以推知，当时花瓷工艺技术已相当成熟，花瓷腰鼓已广为流行，唐玄宗时期成为御用贡品。因为洛阳距鲁山很近，加之鲁山花瓷的名气以及皇宫贵族的喜爱，使南卓如实地记录下来。书中谈到"不是青州石末，即是鲁山花瓷"，这句话的意思是在乐器腰鼓中，青州石末（青州的澄泥陶器）和鲁山花瓷制作的鼓腔为上等之品，所以玄宗皇帝和宰相宋璟以此为鲁山花瓷定名，沿用至今。在唐玄宗时代，中国版图中有"鲁山"之名，并且还生产瓷器的，只有段店窑，当时已形成较大规模的陶瓷产区。在中国陶瓷史上，历代名瓷众多，但真正经皇帝之口定名的却极少[2]。

唐代的花瓷是在黑釉、褐釉、黄釉等作底釉的釉面上，施以乳白、蓝白或淡蓝色的具有乳光感的面釉，而形成斑驳多姿或流动变化的效果，从而成为唐代特有且被推崇的名瓷品种。在《简明陶瓷词典》中，关于花瓷的解释："花

---

[1] 王雍. 鲁山县志 [M]. 清康熙三十三年。

[2] 汝瓷据说是由宋徽宗指令"雨过天青云破处，这般颜色作将来"，但并没有说出"汝瓷"之名。
潘民中. 鲁山花瓷的前世与今生 [N]. 平顶山日报，2018-07-18.

瓷，即花釉瓷器，唐代新创品种。是在黑釉、黄釉、黄褐釉、天蓝釉或茶叶末釉上饰以天蓝或月白色的有规则的或任意加上的斑点。以唐代南卓《羯鼓录》中关于'鲁山花瓷'的记载而闻名。[3]"

关于鲁山花瓷的创烧时间，从文献资料看，《羯鼓录》成书于唐宣宗大中二年（848年），说明当时花瓷腰鼓已经流行，因此花瓷的烧造下限不会晚于848年。不过，唐玄宗与宰相宋璟谈论鼓事的时间，据《羯鼓录》记载，是在宋璟第二次任宰相期间，时间为开元四年（716年）至开元八年（720年）。可见，在此期间，鲁山花瓷烧制技术已经十分成熟，腰鼓已被选入皇宫，由此可以推断，鲁山花瓷创烧时间应在唐代初期开元年间。《羯鼓录》是研究唐代音乐的专业书，南卓的记载与故宫博物院珍藏的花瓷腰鼓实物吻合，而且和窑址出土的花瓷腰鼓残片基本一致，说明记载是准确的。

赵青云认为，根据正常的情况，一个新的瓷器品种，从创烧到成熟应该有一个发展过程，从成熟到举荐到皇宫选用，可能需要很长时间。鲁山段店窑的初创期主要烧制黑瓷和花瓷，器型主要有碗、盘、瓶、罐、执壶和腰鼓等，这一时期的瓷器施釉较厚，由于窑温控制等原因，釉色不是太纯正。因此推测鲁山花瓷创烧于唐初，应该是符合情理的。花瓷短流平底注子、黑釉鼓腹平底罐、花釉丰肩双耳平底罐及花釉敞口平底碗的胎壁较厚，造型丰满，与洛阳、三门峡一带唐代早期墓葬出土的同类器物风格相似，因此其创烧期可能早到唐初[4]。

另外，从底足看，器底部由原来的平底，改为划出一个圆心，接着发展为在底部中心挖出一个小圆，形成唐中晚期瓷器特有的"玉璧底"（见图8）。玉璧形底碗始见于唐代，以底足像玉璧而得名，是唐代器物的典型特征。早期的壶、罐多以平底为主，中、晚唐开始出现玉璧底，平底，底部边缘用坯刀削旋一圈，个别器型会削旋两圈，旋修工整、触摸光滑[5]。所以，根据出土器物的底足变化，从早先的平底，到后来的玉璧底，逐渐演变为宋代钧瓷的圈足[6]；其次

[3] 汪庆正. 简明陶瓷词典 [M]. 上海：上海辞书出版社，1989.

[4] 河南省文物研究所，鲁山人民文化馆. 河南鲁山段店窑的新发现 [J]. 华夏考古，1988（1）：45.

[5] 深圳市文物考古鉴定所，郑州市中原陶瓷标本博物馆编. 段店窑调查报告 [M]. 北京：文物出版社，2017：218.

[6] 梅国建，刘晓明等. 段店窑——鲁山花瓷 [M]. 成都：四川美术出版社，2014：185-187.

是施釉方式的变化，由釉面为器物的四分之三及五分之一，到整体施釉。结合这几个方面综合分析，可以推断鲁山花瓷创烧时间约为唐代初期，中期达到鼎盛，晚期产量逐渐减少，宋代初年断烧。

古陶瓷专家李辉柄、李知宴在段店考察后，认为鲁山花瓷鼎盛于唐代中期："从器物的造型特点看，与腰鼓同出的罐类器物胎体厚重，平底，底部安圆饼实足，足既宽又平，边棱用刀削去；黑瓷碗的特点是深腹，圈足宽矮。这些都是唐代中期的产物。与这类乐器流行的时间相一致。[7]"

作为唐代陶瓷业六大成就之一，花瓷是唐代段店窑的代表产品，与同时代的三彩一样，彰显出大气磅礴的盛唐气象。

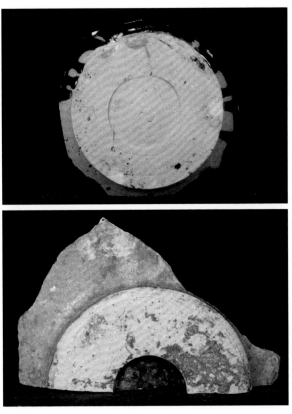

图 8 鲁山花瓷的玉璧底

[7] 李辉柄，李知宴. 河南鲁山段店窑 [J]. 文物，1980（5）：58.

第二节　鲁山花瓷的历史分期

鲁山花瓷是唐代鲁山段店窑特有的一种瓷器品种，又名"花瓷""花釉瓷""唐钧""黑唐钧""黑地花斑瓷"等，以色彩绚丽、富于变化闻名于世，瑰丽斑斓的窑变效果为黑釉瓷系的装饰，开辟了新的境界。

为了对鲁山花瓷进行分期，任志录在《段店窑调查报告》中根据器型，对段店窑遗址出土的标本进行分类，共分为：无系罐、双系罐、执壶、瓶、碗盏、盘、盆、腰鼓，然后分门别类与唐代纪年墓出土同类器物和国内外馆藏鲁山花瓷的造型进行比对，进行初步断代。任志录认为，鲁山花瓷创烧于初唐；唐朝中期处于鼎盛期，盛产工艺精细的鲁山花瓷，为段店窑的高档瓷；唐朝晚期，鲁山花瓷产量逐渐减少，延续到北宋初期断烧[1]。

唐代的鲁山花瓷可以分为三个时期：初唐（618—700年）、盛中唐（701—800年）、晚唐（801—907年）。

一、初唐时期

唐朝早期，唐朝窑工们在早期黑釉的基础上创造了窑变面、斑釉，产生了新的瓷种花瓷，改变了当时以黑、白为主单一釉色的局面。鲁山花瓷是当时的窑工们在烧制黑釉瓷的过程中偶然出现的，并非有意识地创造。

这一时期，段店窑以黑釉、茶叶末釉、青黄釉等单色釉为主，花瓷仅见黑釉花瓷一种；装饰手法也比较单一，主要为淋釉；由于窑温控制等原因，釉色不是太纯正；器型笨重，瓷器施釉较厚，堆积痕迹严重，色调单一；彩斑是

---

[1]　深圳市文物考古鉴定所，郑州市中原陶瓷标本博物馆. 段店窑调查报告 [M]. 北京：文物出版社，2017：218.

表 3　初唐至盛唐时期鲁山花瓷

时期	藏地	花瓷器物	尺寸（厘米）	图示
初唐至盛唐	佳士得 20050920 拍品	四系花瓷罐	高 40	
初唐至盛唐	苏富比 20050331	四系花瓷罐	高 25.5	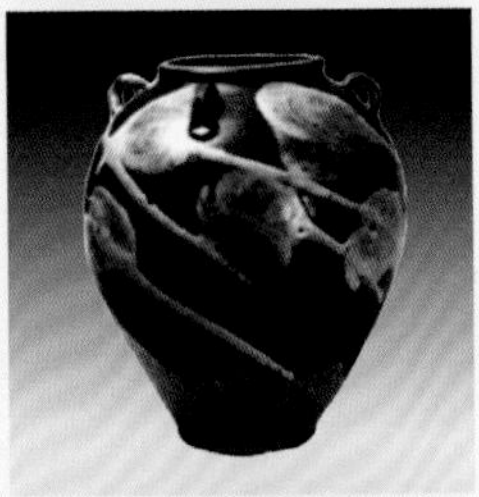
初唐至盛唐	日本出光美术馆	四系花瓷罐	高 38	
初唐至盛唐	日本松岗美术馆	四系花瓷罐		
初唐至盛唐	上海博物馆	四系花瓷罐		

在黑釉上加施蓝色的釉料，并多采用沥粉堆线法，由于窑温较低，未能全部熔融，致使保留有堆状的线条痕迹（见表3）。

由于初唐鲁山花瓷的数量较少，因此我们对这一时期了解较少。

二、盛中唐时期

20世纪90年代出版的《鲁山县志》记载："开元八年（720年），段店一带瓷器工业迅速发展，出现前所未有的鼎盛局面，产品颇负盛名"[2]。虽然花釉瓷出现于元宝、天宝年间，但流行主要在唐代中晚期。

盛中唐时期，段店窑主要生产黑釉、白瓷、青黄釉、茶叶末釉、全花釉、黑瓷花釉、青黄瓷花釉、茶叶末花釉瓷器，既有单色釉，又有各种花釉，还出现了全花釉瓷器，也就是所谓的唐钧。也就是说，这一时期后世所有的各式花釉及装饰技法均已出现。这一时期的花瓷装饰有多层花斑，淋釉流淌，大块花斑、全花釉褐彩、鹅头斑、图案斑，还有一种青黄瓷大块斑装饰花釉。

目前发现最早的、有明确纪年的鲁山花瓷是平顶山白龟山水库苗侯村刘府君墓[3]出土的天宝十三年（754年）黑釉蓝斑八瓣荷叶口三足洗（见图9），高11.5厘米，口径25.5厘米，器物表面为一层较薄的花釉，有彗星状的彩斑，布满雨丝状的蓝线，应属于盛唐时期[4]。

盛唐时期的花瓷还有东京国立博物馆藏花瓷罐和河南省博物院藏花釉罐。东京国立博物馆藏花瓷罐肩腹部饱满，呈圆弧状，颈口稍高，通体浇淋月白色乳浊釉。这两件花瓷罐与河南偃师杏园村的景龙三年（709年）唐墓罐形制完全相同，应同属于盛唐时期。

1983—1993年，考古工作者在河南偃师杏园村陆续发掘唐代墓葬69座（绝大部分未经盗掘，保存完好），其中37座出土有墓志，年代最早者为武周长寿三年（694年），最晚者为僖宗中和二年（882年）。墓葬出土文物丰富

---

[2] 鲁山县地方史志编纂委员会. 鲁山县志 [M]. 郑州：中州古籍出版社，1993.

[3] 张肇武. 河南平顶山苗侯唐墓发掘简报 [J]. 考古与文物，1982（3）：27-28.

[4] 花瓷三足洗原文描述："器内底部的不规则蓝斑如同陨落的彗星。仔细观察，器内壁黑釉上均有雨丝状蓝线。"黄瑞宇，娄金山. 介绍两件馆藏唐代花釉瓷器 [A]. 载中国古陶瓷研究（第七辑）[C]. 北京：紫禁城出版社，2001：230-232.

图 9 花釉花口三足洗，唐代，口径 25.5 厘米，高 11.5 厘米，
1980 年平顶山白龟山水库东沿苗侯村刘府君墓出土

而精美，如陶俑、三彩、瓷器、金银器和铜镜等，还有几件花瓷。其中唐德宗建中四年（783年）韦洗夫人郑氏墓出土的花瓷双系罐，先施黑釉，后在转动中浇淋蓝色的乳浊釉，所以蓝色花斑呈斜向流淌状，有动感；贞元八年（792年）郑夫人墓出土的花釉罐，是黑釉上通体浇洒天蓝色的乳浊釉，乳浊釉层稀薄，此种施釉方式仅见于中唐晚期到晚唐（见表4）。

表4　盛中唐鲁山花瓷器物

时期	藏地	花瓷器物	尺寸（厘米）	图示
盛唐	东京国立博物馆	圆腹花瓷罐	高24	
盛唐	故宫博物院	蓝釉花瓷罐		
盛中唐	广州南越王博物馆	花瓷罐		
盛中唐	美国大都会博物馆	花釉双耳瓶	高29.2	
盛中唐	苏富比20030917	大口花瓷罐	高36.8	
中唐	故宫博物院	月白褐釉花瓷罐	高39	

续表

时期	藏地	花瓷器物	尺寸（厘米）	图示
中唐	故宫博物院	黑地乳白蓝斑三足盘	高3.2，口径15，足径10.2	
中唐	河南省博物院	花釉罐		
唐德宗建中四年（783年）	河南偃师杏园韦洇夫人郑氏墓出土	花瓷双系罐		
唐代贞元八年（792年）	河南偃师杏园郑夫人墓出土	花釉无系罐		

三、晚唐时期

晚唐时期，段店窑主要生产黑釉、青黄釉、茶叶末釉、黑釉花瓷、青黄釉花瓷、茶叶末釉花瓷、全花釉，可以说，晚唐全面继承了盛唐时期的釉色，装饰手法也得到全面延续，多见大斑块、鹅头斑、淋釉、涂抹、全花釉褐彩斑[5]。

晚唐时期典型器物就是1988年5月出土于禹州浅井乡横山村的唐代阳翟镇遏兵马使郭超岸墓3件黄褐釉灰白斑花釉双系罐，造型古朴高雅，彩斑挥洒淋漓，分别定为一级和二级文物。其中一件底釉为褐色，器物在转动中浇淋月白色乳浊釉，所以呈现出斜向流动的线条。郭超岸墓出土花瓷与苌庄窑群遗址发现的花瓷，在胎质、釉色、造型等方面特征基本一致，可能是苌庄窑的产品[6]。据该墓出土的墓志记载，郭超岸死于唐元和二年（807年），葬于唐元和五年（810

---

[5] 深圳市文物考古鉴定所，郑州市中原陶瓷标本博物馆. 段店窑调查报告 [M]. 北京：文物出版社，2017：218.

[6] 徐华烽等. 河南禹州唐郭超岸墓出土瓷器 [J]. 文物，2014（5）：74-75.

年），属唐代中晚期，这时花瓷工艺技术已相当成熟，证实了禹州生产唐代花瓷的时间下限。还有西安郊区唐大中十二年（858年）路复源墓出土的花瓷罐，同属晚唐时期。

这一时期的花瓷执壶最有特色，造型均为粟特式，是西域风格的器型，表明这种执壶与腰鼓一样，均受外来元素的影响。这说明唐人喜欢将新兴的花瓷与西域风格的器物结合，代表了一种新的时尚。如1956年发掘的河南陕县刘家渠唐墓，入葬时间为唐代大中四年（850年），出土的一件花瓷执壶明显受到西域风格的影响，黑釉底上涂画大片月白色乳浊釉。这一时期的花瓷执壶还有根津美术馆藏的执壶和香港九如堂藏的执壶，造型也呈现出明显的西域特色。

河南省博物院收藏的花釉蒜头壶和花口执壶也颇具特色。蒜头壶的壶口呈蒜头状，短束颈、圆肩，肩部饰对称的泥饼状直立双系；长腹圆鼓，下有饼形足。壶外施黑褐釉，黑褐釉上饰有灰白色条带状彩斑装饰，彩带似特意涂画而成，具有较强的艺术装饰效果。花口执壶的口部是花瓣口，颈部相对细瘦，但整体造型上依然饱满、优美，具有唐代的风韵[7]（见表5）。

表5　晚唐鲁山花瓷器物

时期	藏地	花瓷器物	尺寸（厘米）	图示
晚唐	首都博物馆	黄釉席纹蓝斑执壶	高22.1，口径10.1，底径11.3	
晚唐	青岛博物馆	花瓷双耳葫芦瓶	口径3.5，底径9.5	
晚唐	1999年郑州伏牛路河南地质医院出土	花釉双系罐	高11，口径7.4，足径7.1	

---

[7]　朱宏秋，郭灿江. 斑斓多变的釉色——河南博物院藏花釉蒜头壶 [J]. 文物天地，2015（03）：56-59.

续表

时期	藏地	花瓷器物	尺寸（厘米）	图示
唐代元和五年（810年）	河南省博物院，1988年河南省禹州市浅井乡横山村郭超岸墓出土	双耳罐	高16，口径10，底径10	
晚唐	禹州钧台窑出土	花瓷执壶		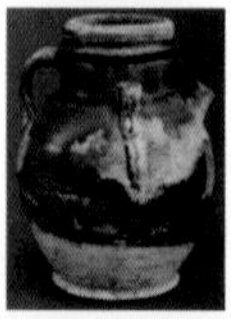
晚唐	禹州钧台窑出土	花瓷执壶		
晚唐	1956年河南省陕县刘家渠唐墓出土，中国国家博物馆藏	花瓷执壶	高20.9，口径6～10，底径9.1	
晚唐	根津美术馆	花瓷执壶	高30.2，腹径16.2，底径9.5	
晚唐	香港九如堂	花瓷执壶	高32.2，宽17.2，底径9.7	
晚唐	河南省博物院	花釉蒜头壶	高34.5，口径10，足径11.5	
晚唐	河南省博物院，1990年河南三门峡市出土	花口执壶	高27.5，口径6.5，底径8.8	

四、唐代花瓷特点

综上所述，可以归纳出唐代鲁山段店窑花瓷的发展演变进程：初唐创始，仅见黑釉花瓷一种；进入盛唐，花釉种类和技法丰富多彩，达到高潮；晚唐花瓷持续发展，五代和北宋早期继续存在。其中，黑釉花瓷从初唐持续到北宋早期，全花釉从盛唐持续到北宋早期[8]（见表6）。

唐代花瓷有淋釉、涂釉、点釉、画釉和整体施釉等各种施釉装饰方法。其中，淋釉主要盛行在盛唐到晚唐，之后不再使用；涂绘流行于盛唐到晚唐，而且由点涂到图案绘制；而浇淋（包括所谓的鹅头斑）主要从中唐到晚唐；整体施釉出现于晚唐，经五代，到北宋初期，完全开启了钧釉的历史（见表7）。

表6　鲁山段店窑各个阶段的产品和花瓷特点 [9]

阶段	主要产品	装饰效果	花瓷
初唐	主要以黑釉、茶叶末釉、青黄釉等单色釉为主	装饰方法主要为淋釉，装饰手法单一	仅见黑釉花瓷一种
盛中唐	有黑釉、白瓷、青黄釉、茶叶末釉、全花釉、黑瓷花釉、青黄瓷花釉、茶叶末花釉	装饰有多层花斑，淋釉流淌，有大块花斑、全花釉褐彩、鹅头斑、图案斑，还有一种青黄瓷大块斑装饰花釉	盛中唐时期既有单色釉，又有各种花釉和各种装饰手法。还出现了全花釉，也就是所谓唐钧，而且出现了全花釉地上加褐彩的技法，后世所出现的各式花釉及装饰技法均已出现
晚唐	有黑釉、青黄釉、茶叶末釉、黑釉花瓷、青黄釉花瓷、茶叶末花瓷、全花釉	多见大块块、鹅头斑、淋釉、涂抹、全花釉褐彩斑	盛唐时期所有的单色釉和花釉在晚唐得到全面继承，装饰手法上也是全面延续
五代	有黑瓷、青黄釉、黑釉花瓷	有黑釉花瓷大片斑	以黑釉和黑釉花瓷为主，单色釉减少，装饰品种减少
北宋早期	有黑瓷花釉、茶叶末花釉及其褐彩斑、全花釉	装饰有大块形斑	仍然延续着黑瓷花釉、茶叶末釉和全花釉，数量明显减少，装饰单一

---

[8]　深圳市文物考古鉴定所，郑州市中原陶瓷标本博物馆. 段店窑调查报告 [M]. 北京：文物出版社，2017：218.

[9]　深圳市文物考古鉴定所，郑州市中原陶瓷标本博物馆. 段店窑调查报告 [M]. 北京：文物出版社，2017：219.

表7　鲁山花瓷各个阶段的装饰方法

时期 / 装饰方法	淋洒	涂釉（涂绘）	浇淋	全釉
盛中唐				
晚唐				

第三章

鲁山花瓷的工艺特征

第一节　鲁山花瓷的器型特征

　　根据目前所掌握的资料看，唐代花瓷以生活实用品为主，主要有各种形式的罐、执壶、瓶、碗、盘、钵、腰鼓，以实用功能为主。壶、罐类多在肩部设置双系，呈竖条状或双泥条形，或与肩部呈横行环耳；瓶类有小口瓶、葫芦瓶、荷口瓶等；碗类皆为小平底或玉璧状底，黑釉蓝斑彩。

　　唐代鲁山花瓷主要有以下品类：

　　（1）**腰鼓**。在鲁山段店窑址发现大量鲁山花瓷腰鼓瓷片，有1000多枚，有些甚至能复原。腰鼓有中细两端喇叭型、中细两端碗口型、中细两端收口型、中细两端直口型等，型制有6种之多。其中常见的腰鼓形制为两头粗，中间细，通身有5～7道竹节状的凸棱弦纹；其中大者长70厘米、腰径11厘米，弦纹呈竹节状装饰，间距10厘米，鼓腔外径20厘米；小者长35～40厘米、腰外径9.5厘

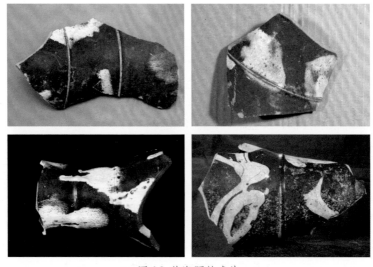

图 10　花瓷腰鼓残片

图 11　鲁山花瓷罐，口径 9.5 厘米，足径 10.1 厘米，高 23.2 厘米

米，竹节状装饰弦纹间距3.5厘米，鼓腔外径11～14厘米。腰鼓瓷片胎厚0.9厘米左右，两端薄，中间厚，口沿处弦纹距口沿2.5厘米至3.7厘米。花瓷腰鼓通体为黑或深浅不等的底釉，有少量茶叶末底釉，饰以乳白、蓝色斑块（见图10）。

（2）罐。在唐代花瓷中，以罐最为常见，有高体的、矮体的、大口的、小口的，有无系、双系和四系三种，也有不带系的大罐，造型变化丰富。罐高多在 20～30 厘米，小口丰肩，轮廓浑圆，腹部丰满，大气庄重。常见罐的形制，一种为敛口，直领，鼓腹，下收成平底，肩部有对称的双耳；一种为敞口，卷沿，腹部微鼓，下为平底；一种为敞口，直壁，平底。罐的表面多数施釉不到底，底釉有黑釉、酱釉、天蓝釉等，釉上斑纹有月白、天蓝、灰黑等色，有的两种颜色互相交融流淌（见图11）。

（3）执壶。执壶是中唐出现的酒器，可能由鸡头壶演变而来，到了会昌、大中年间，壶的形状有了显著改变，颈部加高，腹部作椭圆形，有四条内凹的直线，腹作瓜形，流延长，把孔加大，式样优美，装酒、注酒更加方便。执壶数量较多，胎体厚重，器腹鼓圆，口作喇叭形，口沿有折沿和卷沿两种。壶多双系，一面为短流，一面为曲柄，平底，壶体饱满，轮廓线圆润；底部无棱

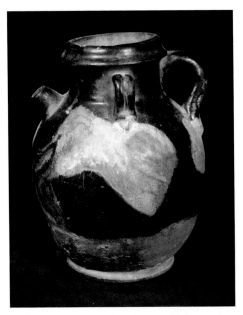

图 12 黑地白蓝斑壶，高 17.3 厘米，口径 6.9 厘米，足径 8.3 厘米

图 13 茶叶末地白蓝斑壶，高 22.6 厘米，口径 9.5 厘米，足径 9.6 厘米

角，施釉不及底，有黑地白蓝斑、黄地白蓝斑、酱褐地白蓝斑、茶叶末地白蓝斑、月白地黑、褐斑、月白釉、天青釉、灰蓝釉（见图12、图13）。

（4）盆。盆的器型有两种：一种为敞口平沿，腹底斜收，可能为平底；另一种为敞口卷沿，腹底斜收，圈足，除足心不施釉外，余皆施釉。在月白或浅蓝色的釉上呈现出天蓝色的彩斑或雨丝般纹样，釉下还有密布的开片。

（5）瓶。有小口瓶、葫芦瓶、荷口瓶等，皆为细颈，弧腹，平底。其中，蒜头瓶的瓶口做成蒜瓣形，颈部修长，与腹部的圆鼓形成对比，因为形状而得名，腹部线条由窄而变宽，十分流畅，给人以美的享受；葫芦瓶较少见，上部小，下部大而圆，也有上部呈花瓣形杯状，下部为饱满的圆形腹，这两种造型都很别致。器壁施釉不到底，有施茶叶末釉，有施蓝白釉，也有的在黑釉或茶叶末釉上呈现出雨丝般的乳白或天蓝斑，多为唐代末期及五代时期器物，已呈现出唐代钧瓷的釉色特点。

（6）碗、盏。中唐时期，碗口腹向外斜出，玉璧形底，制作工整，与敞口斜壁形盘和撇口平底碟风格相同；同时，还有口沿外翻，碗壁近于斜直矮圈足的翻口碗和敛口腹平底碗等。从标本看，碗的造型皆为敞口，弧腹，下收成小平底或玉璧状底，口沿有圆唇和直唇两种；器表除足部外，余皆施釉，有的黑釉施白斑，其乳白斑釉中呈现出天蓝色，有的为乳白天蓝釉。

（7）盘。常见的有翻口斜壁平底盘、撇口璧形底盘、直口弧腹短圈足盘、委角方盘和葵瓣口盘等，前几种出现的时间较早，后两种是晚期的产品。从标本看，盘的造型有三种，一种为敞口，直沿，圆底下有三足；一种为敞口，平沿，下有三矮足；另一种为敞口，斜壁，平底。器物器壁较厚，最厚者达1.6厘米，除底心无釉外，余皆施釉，黑釉中透出天蓝色的彩斑或雨丝般的釉彩。

（8）钵。钵的造型为敞口，卷沿，弧壁，下收成小平底。除底足外，皆施釉，在黑釉层上呈现出月白或天蓝色斑。

（9）缸。缸有多种形制：第一种，胎较薄，敞口，直壁，口沿下有双耳，平底；胎质坚细，呈灰褐色；器表满饰黑釉白蓝斑，釉层较厚，釉质细润，在月白色釉层里透出茶叶末或蓝色彩斑，犹如天空云絮飘动。第二种，胎体较厚，质地粗松，有许多蜂窝状的孔隙；器壁内外皆施釉，并在茶叶末釉中出现像雨丝般的天蓝釉彩，与底色相衬，色调显得十分美观。第三种，胎体粗重，敞口，卷边，内外施黑釉。

（10）枕。枕的标本多为长方形，壁厚0.8～2厘米，灰白色胎，器表饰以月白釉并呈现出天蓝釉彩。

（11）盒。标本系粉盒，器型较小，有子口与盖扣合。

（12）灯。灯的标本造型为圆形，上下两层，中间为空心，弦纹出筋。有两种釉色，一种为深黑底釉施环状天蓝色斑釉，釉质纯净玉润；另一种为灰色底釉施月白色斑釉。

（13）水注。水柱的标本有两种造型：一种为残片，削足，直壁，靠近口沿处装短流，流口平整，施五分之三釉，黑色底釉上微微闪现天蓝色丝状斑釉；另一种为敞口，平沿，形如一个直壁大海碗，流在靠近口沿处，长约1厘米，除底足外，皆施釉，茶叶末底釉上施白蓝斑釉图。

（14）炉。鼓腹，下附三足。除底心外，余皆施釉，在黑釉中透出天蓝色彩斑或雨丝般的纹样。

可见，唐代鲁山花瓷常见的器型一般是罐、执壶、双系壶、花口盘或葫芦瓶，还有三足盘、腰鼓等，其中罐、执壶多见，葫芦瓶少见，腰鼓则极罕见。从近年来出土（特别是墓葬出土）的唐代花瓷来看，除一件蒜头壶外，仅见执壶和罐两类。执壶形制变化较多，总的可分有系和无系两类，若从口部变化来看，又或分花口、直口双唇；罐基本上都是双系罐，有直口和喇叭口两种。由此可见，花瓷器物除闻名的腰鼓，日常的执壶和罐外，其他器型并不多见，这从窑址出土的花瓷标本中也可以得到验证[1]（附录四）。

初唐、盛唐时期的器型，以花瓷罐和腰鼓最具特色，罐多为直领，除实用的把、系、流和简单弦纹装饰外，没有更多的造型装饰，施釉多不到底；腰鼓多数两端呈对称喇叭口，中间细腰，鼓身多饰有弦纹，黑釉上施花釉装饰，色彩斑斓、典雅而奔放[2]。晚唐以后，器型逐渐从浑圆变得修长，尤其是执壶的造型最为典型，短颈、短流（流的长度在3厘米左右），在器型设计上注重对自然元素的提取，巧妙融入仿生形态。蒜头瓶和花口执壶的口沿部位颇具特色，蒜头瓶的口是四瓣蒜头形，花口执壶的口部是花瓣形[3]。在龙首花釉执壶上，可见到西晋南北朝较为流行的鸡首壶（流）和唐代双龙尊（龙首柄）的影子；花釉花口执壶与当时西亚波斯一带较为流行的执壶造型十分相似，这应是盛唐时期中西文化交流相互影响的结果[4]。

唐代鲁山花瓷造型浑厚大气、饱满圆浑，除花瓷腰鼓外，整体造型以流畅的大线条贯通，虽然器型并不高大，但轮廓线弧度较大、饱满有力，显得雄浑壮硕、大气庄重，具有典型的唐代气质和时代特征[5]。尤其初唐和盛唐时期的器物整体造型简洁，舍弃繁杂的装饰部件，只在细部出现不同样式的变化：如敛口或敞口，直唇或圆唇，部件设计也是出于功能考虑，除了壶、罐的柄、系部等必不可少的部件外，基本没有多余的装饰。

以执壶的造型为例。执壶作为酒具，也称注子。唐代执壶的流多为直口、短流，壶身多采取瓶的形状，只不过与瓶的重心在下半部相比，执壶重心稍微靠上一些。如果把鋬（把手）、系、流（壶嘴）都省略，便是一只美丽的花瓶，不过，正是由于鋬、系、流这些附件的衬托，更显得执壶造型的沉稳（见图14）。由此可见，鲁山花瓷执壶体现了唐代器物造型的重要特征：造型丰腴、器型饱满、简洁明快、大气豪放。鲁山花瓷造型饱满而不轻浮，沉稳中张扬着恢宏和庄严，呈现出豪放、自信、积极向上的艺术效果，表现出大唐盛世

[1] 张迪. 河南出土唐代花釉瓷的地域特征和彩斑装饰特点 [J]. 东方收藏，2018（3）：36-41.

[2] 赵志文. 河南隋唐五代考古发现与研究 [J]. 华夏考古，2012（2）.

[3] 张煌若. 浪漫雄浑的生活之美——基于唐代花瓷的图像学研究 [D]. 河南大学，2016：30.

[4] 郭灿江，董源格. 唐代花釉瓷器 [J]. 收藏家，2011（3）：13.

[5] 张煌若. 浪漫雄浑的生活之美——基于唐代花瓷的图像学研究 [D]. 河南大学，2016：28.

的豪迈气魄。可以说，鲁山花瓷的造型特色最为鲜明，完全体现了唐代大气雄浑、自信洒脱的时代特征，展现出大唐帝国博大的胸怀、开放自由的文化和充满活力的精神面貌。

图 14　月白地黑、褐斑壶，高 21 厘米，口径 9.1 厘米，足径 10.6 厘米

第二节　鲁山花瓷的工艺流程

鲁山花瓷的工艺主要包括原料加工、成型、上釉、烧制等几个流程，因此可以分为制作、烧造两个阶段。

一、鲁山花瓷的制作

1. 原材料

段店窑处于伏牛山余脉平缓地带，属浅山、丘陵地貌，土壤为黄棕壤土，储量大，土质松软，加水后经沉淀可直接使用，是制造黑釉的主要原料。硬质类黏土储量较大，是胎釉的主要原料。鲁山花瓷采用的胎、釉原材料，是鲁山本地特有的黏土，其独有的化学元素含量比，是制作鲁山花瓷黑地乳白蓝斑的必备条件。

段店窑的瓷土是由二次冲积所形成的，这种瓷土中含有大量的有机质，可塑性较强，非常有利于加工成型，瓷土的成分跟南方瓷土截然相反，特点是高铝、低硅、中铁，有利于陶瓷的呈色。

段店窑瓷土的矿物组成：高岭土、蒙脱石、伊利石、叶蜡石、水铝英石、石英、长石等母岩残渣以及碳酸盐和硫酸盐类矿物。夹杂矿物和杂质矿物有铁、钛以及有机物等，化学组成包括二氧化硅、三氧化二铝、氧化钾、氧化钠、氧化钙、氧化镁、氧化铁、氧化钛等。

鲁山县储藏有煤、铜、铁、铅、锌、滑石、石英岩、铝土、萤石、石膏、硅灰石、玄武岩、石墨、磷、白云岩、耐火黏土、含钾岩石等丰富的矿产资源，其中大多数都是陶瓷制作的主要原料，为鲁山花瓷的生产提供了物质条件，解决了长途运输原料的问题，节约了制作成本。

图 15 鲁山花瓷胎断面

2. 胎质胎色

唐代早期，鲁山花瓷的泥料加工较为粗糙，胎质颗粒粗细不均，胎骨含有少量的杂质，颗粒似乎有点大，还经常会出现有坯泡所形成的夹层，并有少量细砂状颗粒；胎的断面为灰黄、浅灰、香灰或深灰色（见图15），敲击时发出高温瓷特有的金属声，底部和近底部胎的颜色为灰黄、青灰，个别会有"火石红"[1]。

到唐代中期以后制成的鲁山花瓷胎质细腻均匀。因此，出土的鲁山花瓷胎质分为粗细两种：

粗胎器胎质略酥松，沙砾感强，呈黄褐色，胎体厚重，釉层较薄，釉面色彩变化不明显，多为缸、罐、盆、枕等体积较大的日用瓷；

细胎器胎质细腻而坚实，多呈灰色、灰黄色或灰褐色，釉层相对肥厚，器型丰润庄重，釉面色彩对比明显，变化丰富，装饰感极强，多为腰鼓、执壶、瓶、碗、钵、炉等高级别的器物。

3. 成型方法

鲁山花瓷的成型工艺与河南地区同时期窑场类似，成型方法有四种：手工

---

[1]　梅国建，刘晓明等. 段店窑——鲁山花瓷 [M]. 成都：四川美术出版社，2014：145.

捏塑、拉坯、模制以及拉坯与捏制并用，其中以拉坯成型最多。唐代鲁山花瓷的造型多采用轮制和手工捏塑成型，如圆形器物器体采用轮制，系和把则采用手搓泥条制成，异形器如枕则用手制和模制并用。

拉坯又被称为"轮制法"，是传统陶瓷成型技术，鲁山窑的大部分器物都是采用这种方法制作的。操作过程是利用陶轮转动的惯性，用手以挤压、提拉的方法将坯泥制成所需形状。采用这种方式制坯，制作出的器物器壁一般厚薄一致，器型较为端正、规整。如盏类由下而上逐步变薄，有利于使用时重心靠下，站立稳定；细腰鼓为一次拉坯成型，或分别从两端拉坯成型后对接而成，高达70厘米、胎厚0.5～1厘米的大型细腰鼓，就现在来看，也是难度很大的技术。器型高大或者复杂的器物，还需要分段拉坯，再进行拼接，大型器物的口沿为减轻重量、防止器物变形，使用了口沿反转拉坯技术，使口沿为双层空心形，壶把、耳系采用手搓泥条粘接技法，枕等异形器物采用泥片模印成型，为避免变形在枕的侧壁上钻有气孔。

模制也是较为常见的成型方法，鲁山窑所烧制的枕、炉、少量印花碗类器物多采用这种方法制作，就是将制好的坯泥填充到事先制好的模具中制成陶坯，然后进行其余的装饰、施釉工序。采用这种成型方式制作，器物胎体厚薄会略有差异，但是能有效提高生产效率，对熟练度的要求也略低。

拉坯与捏制并用适用于复杂器型，某些不便于拉坯成型的部位，以零件的方式单独模制成型后再进行拼接，比如壶的流、手柄，炉的足，以及器物外部的贴塑纹饰等。

4. 施釉工艺

施釉工艺又被称为"罩釉""挂釉"或"上釉"，就是在已经制好的素坯器物上，依据不同的需要施以对应釉料的方法。施釉工艺看似简单，却是极为重要和较难掌握的一道工序，要做到坯体各部分的釉层均匀一致，厚薄适当，还要关注到各种釉的流动性。依据不同坯体的形状、大小和厚薄以及釉料性能，同时为了达到所需的装饰效果，往往采取不同的操作手法，一般分为浸釉、浇釉、荡釉、洒釉、刷釉等。

鲁山窑花釉瓷施釉工艺多采用几种手法相结合的方式。操作过程大致是先用浸釉法或浇釉法施底釉。普通圆器采用蘸釉或荡釉，琢器或大型圆器用吹釉。由于选用的施釉方式多样，使得鲁山花釉瓷成品在釉面上表现出来的装饰效果也各不相同。

浸釉法利用了胎体的吸水性，通过把器物直接浸入到釉料中，以使釉料更好地吸附于坯体之上。

浇釉法使用大量的釉料直接泼洒到素坯器物上，多用于器型较大、不便浸釉的器物，之后用刷釉法或洒釉法施花釉。

刷釉法通常用于在底釉上施加多种釉彩时使用，是用毛笔、毛刷之类的工具，蘸釉料直接涂于已施底釉的器物之上，形成斑状的图案。

洒釉法是用不同于底釉的其他釉料，在器物表面喷洒，利用釉料的流动性，形成复杂多变的带状纹饰。

从出土和传世器物来看，鲁山段店窑器物施釉时，分别使用毛刷、毛笔、挤甩釉器和碗、钵等工具，采用浸釉（蘸釉）、浇釉、洒釉、刷釉等几种手法，由于选用的施釉方式多样，使得鲁山花瓷在釉面上表现出来的装饰效果也各不相同。

鲁山花瓷分两次施釉，第一次先施底釉，然后随意点、刷、泼、洒上不同的斑釉。斑釉施釉工艺有洒斑、点斑、立粉堆线、画斑等，通过调整斑釉配方和点斑、洒斑技法，烧出的乳白蓝斑釉面平整，但呈色立体感强烈。

鲁山花瓷由于采用的烧制工艺不同，而采取不同的施釉工艺，有满釉裹足、圈足露胎、半釉等。从出土的器物来看，主要有通身施釉的；有里外皆施半釉的；有外壁施满釉，里壁无釉的；有外壁无釉，内壁施满釉的；有内壁施釉，外壁施半釉的；有施釉后又剔掉，形成素烧圈的；还有胎体上先施化妆土，除底部以外，其余皆施满釉的。从足部处理看，多半无釉或半釉，主要是因为当时釉较稀薄，为避免釉体流动过大，造成粘足等缺陷。

二、鲁山花瓷的烧造

1. 窑具

鲁山段店窑使用的窑具品种很多，考古发现的有垫饼、杯型支烧、支钉、匣钵等。民间采集到的窑具品种更为丰富，有石碾、石臼、瓷质荡箍、陶拍、内模、外范，还有十多种尺寸的匣钵、二十多种支垫具、测温窑柱、火照、试釉器等。

垫饼、支钉属于间隔具，主要用于间隔产品之间，防止产品与其他窑具之间发生粘连的情况；

杯型支烧属于支烧具，主要用于托起产品至理想窑位；

匣钵属于装烧具，其作用是尽可能形成一个密封空间，有效隔绝烟尘，并且有助于使所装烧器物均匀受热。

2. 烧成制度

分析唐代鲁山花瓷窑址、出土窑具、瓷片胎质等可以得知，鲁山花瓷以木材、煤炭为燃料，唐代以前以柴烧为主，以后柴煤兼烧。

唐代陶瓷的烧成，包括先采用低温素烧、再高温釉烧二次烧成和高温一次烧成。根据出土瓷片分析，鲁山花瓷多为一次烧成，少量陶瓷品种如青釉类瓷和部分鲁山花瓷，是先泥坯素烧，后施釉二次高温烧成。采用这种烧成工艺制成的陶瓷工艺精细，成品率高。

3. 烧制温度和烧成气氛

唐代鲁山花瓷的烧成曲线，是在500℃之前缓慢升温，500～1250℃加速升温，斑釉釉色在1250～1290℃形成，烧制气氛为氧化、弱还原、还原等多种气氛。烧窑时间约一昼夜，烧制曲线如下（见图16）。

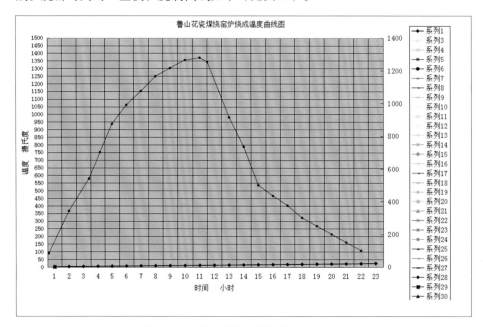

图 16 鲁山花瓷煤烧窑炉烧成温度曲线图

通过对鲁山花瓷釉色的分析可以发现，烧造时的烧成温度对面/斑釉的呈色影响很大。

4. 胎釉结合状态

从采集的瓷片来看，唐代鲁山花瓷所用泥料粗细不等：腰鼓等大型器物胎中颗粒较粗，胎质有程度不同的疏松，甚至部分瓷胎中还会有夹层；小型器物胎质细腻，断面为浅灰、灰黄色，少数为深灰色，这主要与烧成气氛有关，由于当时窑炉建造技术的不成熟，窑炉气氛的掌握也不是特别严格，因此形成不同的胎色。

不同胎色的形成主要与烧成气氛有关，根据胎色和胎质，可以判断鲁山花瓷的烧成气氛是氧化、弱还原、还原气氛都存在，深灰色瓷胎的瓷片敲击时的声音为金属声，说明其烧成温度很高。

第三节　鲁山花瓷的釉和釉色

一、鲁山花瓷的底釉和斑釉

鲁山花瓷的釉层由底釉和面/斑釉组成，除腰鼓外通常施釉不到底，一般内壁施底釉，外壁底釉上面施面/斑釉。

1. 底釉

主要有黑釉、茶叶末釉、黄釉、酱釉、月白、天青、天蓝釉等。

（1）黑釉（见图17）。在鲁山花瓷中最多见，深浅不等。深黑色釉釉面细腻，黑润光亮，为黑底釉中的优质产品；浅黑色釉釉面润度欠佳、较为粗糙，可能与烧制温度不够有关；黑褐色釉面有半透明的玻璃质感，或是烧制温度过高或釉浆较稀所致。

（2）茶叶末釉（见图18）。釉面呈深浅不等的茶叶末色，光泽度不够，手触感觉不光滑。通过分析收集的残片发现，茶叶末色底釉残片上的白蓝斑釉呈色呆板、无丝状流纹，表现出一种未烧化状态，应是窑温过低所致。这说明茶叶末底釉与黑色底釉实为同一种釉，只是由于烧制时窑温不够，颜色呈色不

图 17　黑色底釉

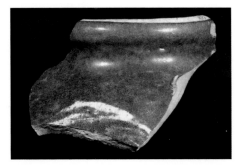

图 18　茶叶末色底釉

图 19 黄色底釉　　　　　　　　图 20 月白、天青、天蓝底釉

图 21 固定斑、爆花斑、流动斑、天蓝月白斑块

稳定所致。

（3）黄釉（见图19）。呈黄褐色或深黄色，有玻璃质感。研究分析发现这种釉色应是早期唐黄釉的延续和发展。

（4）酱釉。与黑釉属同一种釉质，只是由于烧成温度和窑内气氛的原因，才形成酱色的底釉。

（5）月白、天青、天蓝釉。器物底釉为月白、天青、天蓝色，斑釉为黑色，实为底釉和斑釉在施釉程序上互换而成。这是窑工对鲁山花瓷施釉方法的

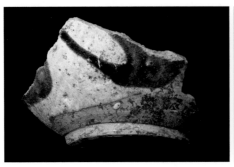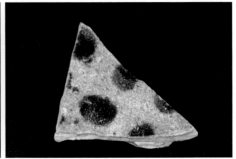

图 22 月白地黑褐斑、蓝地黑斑

一种改进和尝试，丰富了鲁山花瓷的种类（见图20）。底釉在高温下相对固定，釉面整体和边缘均无流动，这给斑釉的丝状流动和色泽变化提供了必备的条件。

2. 面/斑釉

面/斑釉主要有两类：

（1）月白、天蓝斑。颜色深浅不等。月白色有深有浅，形状有不流动、爆花状和流动带蓝纹状（见图21），厚度在0.3～1毫米。天蓝和月白呈现在同一斑块上时，釉厚处呈月白色，厚度1毫米左右，釉深处呈天蓝色，厚度0.2毫米左右。厚釉有流动感，因此大多有明显的丝状、雨淋状流纹，常见于缸、罐等大型器物。垂釉厚度达2毫米，状如蜡泪，和后世的钧瓷釉相类似。

（2）黑褐斑。实为黑底釉作为斑釉施用。月白地黑斑的花瓷，黑斑呈黑褐色（见图22）。上述底釉和面/斑釉的配合使用，制成了黑地、茶叶末地、黄地乳白蓝斑的鲁山花瓷。面釉、底釉的灵活使用，产生了新的鲁山花瓷品种。

3. 单一釉

主要有月白、天青、灰蓝、天蓝釉（见图23）。整器单一施用月白、天青、灰蓝、天蓝面釉，所以釉面呈月白、天青、灰蓝、天蓝色，厚度0.5～1.5毫米，质地莹润厚重，釉层呈现明显的层次感和丝状流动感。考察这类特殊的鲁山花瓷，化验分析认为，此类釉是采用较稀的鲁山花瓷斑釉，通过一次或多次施釉而成，胎釉色泽和质地与天青、天蓝釉钧瓷相似，这是"唐钧"演变为钧瓷的实物例证，是品质最为接近宋钧瓷的"唐钧"（见图24）。

图 23 月白釉、天青釉、灰蓝釉、天蓝釉

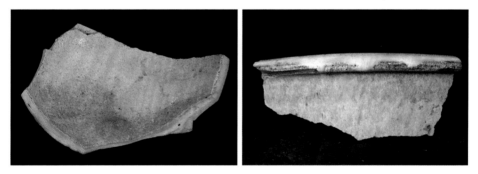

图 24 接近宋钧瓷的唐钧

综上所述，目前看到的鲁山花瓷釉色主要有三种：

（1）黑地乳白蓝斑釉。外壁为黑地乳白蓝斑，底釉漆黑光亮。斑釉厚处为乳白色、垂流，薄处为蓝色，内壁为纯黑色。这是发现最多的一种，偶见有黑褐地灰白蓝斑。

（2）黄地白斑釉。外壁底釉为黄色或黄褐色，斑釉为乳白色，内壁为黄色或黄褐色。

（3）月白地黑斑釉。外壁底釉为月白色，偶有灰白色，斑釉为浅黑色。从器型及施釉方法看，这是在前两种釉色工艺基础上的改进，即把原斑釉作底釉，原底釉作为斑釉，形成新的花斑釉。

笔者根据窑址出土标本，亲自用柴、天然气、液化气进行烧制实验，结果发现：

（1）"茶叶末地白、灰白斑釉"接近茶叶末釉，白、灰白斑是由于窑内局部温度未达到烧成温度和气氛而形成的；

（2）"酱地白斑、灰白斑、蓝斑"是由于窑内局部温度过高和还原气氛而形成的；

（3）"月白釉""月白蓝釉""灰白釉"是由于器物通体施斑釉而形成的。

因此笔者认为，前两种釉色属烧制中未达到预期效果的个别现象，不应单列为花瓷的一种。而后者应属"唐钧"，具备了钧瓷乳浊釉的基本特点，为钧瓷的前身。

二、鲁山花瓷釉的发展历程

花瓷是在黑釉、褐釉的底色上施以不同的釉料，经高温烧制而呈现出蓝、浅绿、乳白色的大块彩斑，或是蓝、白、黑、绿相间的流淌纹理，形态各异，变化万千，故称"花釉"。花瓷斑彩釉面蓝中闪白，白中带青，丝雨状自然窑变十分飘逸灵动，为宋钧窑变之美开启了先河，故称之为"唐钧"[1]。

唐代鲁山花瓷突破了陶瓷生产"南青北白"的单调格局，使陶瓷的装饰逐渐向多彩化方面发展，不过，唐代鲁山花瓷的制作工艺失传已久，只能通过对唐代鲁山花瓷标本的研究和分析，来还原鲁山花瓷的发展过程。唐代鲁山花瓷斑釉的发展，大致经历了三个阶段：

第一阶段，黑地乳白蓝斑鲁山花瓷的产生。

唐朝早期，花瓷的烧制就已经开始，唐朝窑工们在早期黑釉的基础上创造了窑变面/斑釉，产生了新的瓷种——花瓷，改变了当时以黑、白为主单一釉色的局面。这种窑变面/斑釉是当时的窑工们在烧制黑釉瓷的过程中偶然发现，并有意识加以利用而发明的。初唐时期，花瓷釉厚，堆积痕迹严重，色调单一，

---

[1] 梅国建，刘晓明等. 段店窑——鲁山花瓷 [M]. 成都：四川美术出版社，2014：15.

图 25 黑地乳白蓝斑鲁山花瓷

器型笨重；彩斑是在黑釉上加施蓝色的釉料，并多采用立粉堆线法，由于窑温较低，未能全部熔融，致使保留有堆状的线条痕迹。通过对故宫博物院所藏的腰鼓和段店窑遗址上发现的腰鼓残片分析，可知这个时期的鲁山花瓷大多为黑地乳白蓝斑，大部分斑釉呈不规则的云片状方形或条形（见图25）。

第二阶段，改进底釉、面/斑釉的使用。

唐代中期，段店窑进入鼎盛时期，生产规模扩大，产品种类增加，烧制出了黑釉加蓝斑花瓷，为段店窑的高档瓷。中唐时期，彩斑则采用了堆立或洒彩的技法，当高温全溶时，则呈现大面积不规则的块斑，这种彩斑具有典雅明快的自然美感。窑工们在黑地乳白蓝斑鲁山花瓷的基础上不断尝试增加花色品种：

（1）调整底釉、面/斑釉配方，产出黄地乳白蓝斑鲁山花瓷（见图26）；

（2）底釉和面/斑釉换位使用，调整月白、天青、天蓝斑釉的浓度（鲁山花瓷的面/斑釉浓度非常高，呈糊状）后施做底釉，加施黑色斑釉，烧制出了月白、天青、天蓝底釉黑褐斑鲁山花瓷（见图27）；

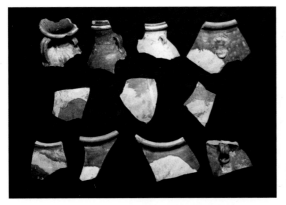

图 26 黄地乳白蓝斑鲁山花瓷带把系壶　　图 27 月白、天青、天蓝底黑褐斑

鲁山花瓷

（3）通过调整面/斑釉施釉技法，生产出黑地乳白色梅花斑鲁山花瓷腰鼓。

第三阶段，月白、天青、天蓝釉鲁山花瓷的出现。

到了晚唐五代时期，段店窑瓷业发展迅速，技术水平不断提高，烧制的品种、器型也逐渐增多。窑工们在鲁山花瓷烧制过程中发现大面积的乳白、天蓝色面/斑釉非常漂亮，呈现特有的美感，因此在施釉时，就尝试在器物上单独施用此种面/斑釉，并由原来的施釉不到底（一般为整个器物的五分之四），改为施釉到器物底部。随着窑炉的不断改进，窑温升高，窑工逐渐熟练掌握了窑温与还原气氛，致使洒彩窑变呈现出雨丝状纹样，并与底釉全部融合成一体，在色彩和丝状流纹上，和宋元天青、天蓝釉钧瓷十分相似（见图28）。这种具有唐代中晚期风格施釉方法和釉色的鲁山花瓷，其花釉变斑与宋代钧瓷窑变的釉色十分近似，其实就是最早的钧瓷，故称之为"唐钧"[2]。

可以说，花釉的彩斑经历了从最初的块发展到面，最后到整体罩花釉的过程，从早期黑釉上的乳浊斑釉装饰，发展到整器装饰，并向乳浊状天青釉色过渡，越来越具有钧釉与汝釉的早期特征，为后来的钧瓷窑变釉创造了条件。如今，花瓷是钧汝之源的论点，已得到陶瓷界的普遍认可[3]。

---

[2]　赵青云. 近十年来河南陶瓷考古的新收获 [J]. 华夏考古，1989（3）：83.

[3]　苗长强，苗锡锦. "唐花瓷"——钧瓷之源、钧窑之根 [J]. 陶瓷中国，2010（6）.

图 28 宋元天青、天蓝釉钧瓷

正如乔红伟在《唐代制瓷业的伟大成就：鲁山花釉瓷》中所说："鲁山花瓷是目前发现最早的窑变釉瓷，以色彩绚丽、富于变化闻名于世，在我国陶瓷发展史上占有重要的地位，是唐代制瓷业的一个伟大成就。它的出现，不但打破了唐以前我国瓷器南青北白的单调格局，甚至可以说，鲁山唐代花瓷与著名的唐代巩县窑唐三彩及湖南长沙窑的釉下彩绘瓷一样，为以后中国的彩瓷烧造奠定了基础。"

三、鲁山花瓷的施釉工艺

（1）**施釉工具**。从出土和传世器物来看，根据器型、大小和审美要求，分别使用了毛刷、毛笔、挤甩釉器和碗、钵等工具。

（2）**施釉方法**。通过研究出土和传世器物，结合仿制过程中的实际经验来看，当时所使用的底釉和斑釉都有不同的浓度，斑釉稠如糨糊状。鲁山花瓷的黑底釉是用当地所产含铁量较高的黄土（俗称黑药），将其置入釉缸加水后搅动，撇去杂物，滤去沉渣。

（3）**底釉施釉**。底釉施釉多采用蘸釉法，即手持底足，将器物放入釉缸内，等器物内外壁均浸到釉后，稍加停顿拿出。壶、钵等底釉内外多施器物的五分之四左右；细腰鼓内外施满釉，口沿处的釉料烧制前刮去。

（4）**斑釉施釉**。等底釉晾干后，根据不同器物的艺术表现手法，需要采用刷、浇、点、甩、绘、堆、洒等多种技法加施面/斑釉。蓝斑为当地产矿物釉料，粉碎沉淀后制成浓度不同的釉浆。

其中，刷釉法应用较多，适用于大、中型器物，如细腰鼓、壶、罐等，如在出土生烧的细腰鼓残片上可以明显看到刷痕。刷釉较随意，刷成长方形后刷锋往往顺势快速前进或转折后拉，颇有中国书法和泼墨画的风格，使斑釉极具活泼、潇洒的风格。

点釉应用较少，用毛笔蘸釉在器物上点或画出线条，不规则的点、条形成梅花状或油画效果的图案。这也可能是最早出现的以釉作画，但大多都是随意而作，毫无刻意之气，表现自然洒脱。

甩釉法多由于斑釉较稠，用刷、笔或挤釉器等任意在坯体上甩出不规则的条、半圆等。这在出土的残片上很容易看出，但这种方法在鲁山花瓷中应用较少。

画斑法一般是用画笔蘸上较稠的釉浆，随意勾画出各种抽象图案。窑工们对斑釉的配方做了适当调整，因此，烧制出来的斑釉并没有流动和变化。

底釉和面/斑釉为两种不同性质的釉，先后施在同一器物上，釉色的烧成首先要解决底釉不流动、面釉要流动的难题。花瓷底釉多为普通黑釉，使其不流动不太难，但是要求斑釉既能固定，又能流动，并且还要扩散，形成既有固定斑，又有流动的线状流纹和爆花状活泼的纹理，这才是比较困难的。而鲁山的陶工在当时条件下，就地取材，反复探索，终于解决了这个难题，制造出大气、奔放、洒脱、活泼的鲁山花瓷。斑（面）釉研究成功和规模化生产，开辟了唐代窑变釉装饰的先河。

唐代以前的瓷器装饰多为胎装饰，即在胎体上堆塑和刻印花；而鲁山花瓷独创了在生坯或经素烧的坯体上施黑色底釉后，再采用刷、点、洒等技法施以彩斑釉，然后入窑一次烧成，斑釉在入窑焙烧过程中与底釉结合，自然晕化形成美丽的彩斑，产生一种"自然天成"的意趣和美感。由于是在深色底釉上形成浅色彩斑，两色对比更显得清新典雅、生动醒目。这些斑纹有的像几片树叶，有的像一块泼墨，有的像几朵白云，有的像一簇浪花，奔放不羁，给人一种自然活泼、痛快淋漓的美感，与唐人的审美情趣正相适合。

第四章

鲁山花瓷的呈色和装饰

第一节　窑变和分相釉

一、窑变的形成机制

"花釉"作为陶瓷艺术釉的一种，虽然经常用到，但人们却对其概念不一定有清晰的认识。

"花釉"是指在一定范围的釉面上，由釉色的变化分布、彼此反差，呈现出两种或两种以上色彩组合的一类艺术釉。

花釉与单色釉的区别在于：前者的艺术效果是由"色彩反差"这一表现因素来完成的，已超越了色彩所具有的单纯意义，具有高层次的观赏价值；而后者则是由色彩本身来表现的，比较直接[1]。

可见，"鲁山花瓷"的"花"，是针对当时单色釉为主流的局面而生产的两种或多种色彩的瓷釉。花瓷是由于在烧造过程中产生窑变形成的。

"窑变"是瓷器中的一个专有名词。烧造瓷器，凡在开窑后发现不是预期的形状或釉色，以至于传世瓷器有时发生特异的情况者，都可说是"窑变"。顾名思义，窑变就是指在陶瓷器物的烧制过程中，釉质受到窑内温度、燃烧气氛等各种非人为因素的影响，导致其表面釉色发生不确定性的自然变化[2]。

窑变主要是由于陶瓷器物釉中含有多种呈色元素，陶瓷在烧制过程中，经过一系列的氧化还原作用，在窑内烧制过程中产生了变化，最终使釉质呈现变化，艺术效果出乎意料[3]。影响这种变化的因素有许多，例如窑内温度变化、燃烧气氛的变化和器型的影响，包括釉质中矿物原料的相互作用等。俗语有"窑

---

[1] 徐建华. 谈陶瓷"花釉"的定义范畴及形成途径 [J]. 景德镇陶瓷，1991（2）：14.

[2] 宗成武. 窑变的基本构成与属性 [J]. 南风，2016（20）：102.

[3] 宗成武. 窑变的基本构成与属性 [J]. 南风，2016（20）：102.

变无双"，就是指窑变釉的变幻莫测，独一无二。

古代出现的窑变瓷器，实质上是青瓷的一种偶然变异，属于青釉烧制失败的结果。早在唐代之前，有负责瓷器烧制的窑工发现，有时开窑偶尔会出现几个色彩妖艳的瓷器，最初出现窑变被视为不祥。过去，因窑变出于偶然，形态特别，由于当时手工业劳动者往往没有接受过教育，社会整体知识水平偏低，对于瓷器烧制时出现"妖艳之色"，没有一个科学而合理的解释，只能从迷信的角度去理解，于是将这些色彩斑斓的瓷器全部砸碎销毁。

古人由于科学发展水平低下，即使掌握了窑变的技术，但对于其原理并不能完全解释。随着人们对窑变现象认识的深入，窑变的缺陷美逐渐得到人们的喜爱，但是对窑变的原理还缺乏认识，只知于窑内焙烧变化而形成，故称之为"窑变釉"。窑变的神奇之处在于，同一种泥料与釉水在烧制的过程中会产生多种颜色的变化，甚至于同一件瓷器上，也能表现出不同的釉色。不过，由于发生窑变后色泽与单色釉相比更加艳丽多彩，慢慢成为人们刻意追求的效果。

唐代的花瓷就是一种窑变釉。花瓷的烧制之所以复杂，就是因为不同的釉料在高温下会有不同的膨胀系数，在冷却时收缩系数也不同，因此，要把两种不同的釉料配在一个器物上，然后入窑烧制，肯定是有一定难度的。而花瓷的烧制成功，说明唐代制瓷艺人已经掌握了调配釉料和复杂的施釉技术，开始有意识地利用窑变的效果。花瓷窑变是瓷器表面的釉发生流动现象，从而产生出不确定性的色泽与形状，使得任意一件窑变瓷器都与众不同。

虽然窑变瓷器受到了人们的喜爱，但在当时烧出一件品相不错的窑变瓷器实属不易。因为窑变完全是不受任何控制的，浑然天成，每一种窑变都是独一无二，不可复制的。而到了现代，为了弄清花瓷窑变的机制，经过山东硅酸盐研究所和上海硅酸盐研究所化验分析，人们发现鲁山花瓷呈现的蓝色并不是因为釉料中含钴，而是由于乳浊釉的分相形成，由此解开了鲁山花瓷窑变的奥秘。

二、分相釉的呈色原理

分相釉

经过现代检测和化学分析，确定鲁山花瓷丰富多变的釉色是由于分相造成的。分相釉即"液-液分相釉"，是某些高温釉在烧成过程中所发生的一种特殊的物理、化学现象。分相釉具有特定的化学组成范围，其主要特点是釉料中的硅铝成分明显高于不分相的透明釉，磷含量也比较高。当具有这种化学组成的釉料在合理的烧成制度和较慢的冷却速度下，就会分离成两个成分不同、互不混融的液相，其中一相以无数孤立小液滴的形式（孤立小液滴的大小一般为≤0.2微米），分散于另一个连续相中。鲁山花瓷的釉料在烧成中就形成了这种具有不混融性质的液相，因此鲁山花瓷属于分相釉。

鲁山花瓷为高温窑变釉，是最先发明并成功运用分相乳浊釉（窑变）技术烧制的。可以说，鲁山花瓷开创了"液-液分相釉"的技术，釉料中的化学成分在高温下发生物理、化学变化，在特定条件下，釉中的矿物质分离成两种不同、互不相融的液相，在可见光的散射下呈现天蓝色乳光，在科学上又被称为乳浊釉。由于面釉的釉层里有两种相，一种为连续相，另一种为分散在连续相中的无数个小液滴（固化的玻璃态液滴状）的孤立相，无数个纳米级的小液滴对入射到釉面的可见光产生散射，从而使其呈现蓝色乳光。另外，有的学者认为，用还原气氛烧成也有利于分相的形成，因为三价铁离子在还原气氛中烧成，可使其中的大部分铁转变成二价铁，这样就不会对分相产生抑制作用。

鲁山花瓷创造的二液分相釉新技巧，是陶瓷史上革命性的突破。花瓷的黑底釉呈色剂是氧化铁，及少量或微量的锰等氧化着色剂，而花瓷的面/斑釉为乳浊釉，呈现不同程度的蓝色。这并非釉料中含有金属元素钴，而是面/斑釉中纳米级的液滴对入射光线的反射。鲁山花瓷分相小滴的粒度大于1纳米时呈白色，在0.1～1纳米时呈蓝白色，所以，鲁山花瓷的呈色完全是通过自然窑变而形成的。

乳浊釉

从烧成后釉的状态，可以把青瓷分成为乳浊、半乳浊和透明三类。乳浊的因素很多，有的是由于烧成温度偏低，釉中含有大量微气泡散射所造成；有的是釉内有大量钙长石类晶体析晶和许多未溶解的游离矿物；有的是高硅玻璃釉中由于磷的存在，而分相造成乳浊和乳光。从陶瓷科学来看，分相乳浊釉是在青瓷、黑瓷、白瓷，甚至析晶釉发展到最高成就后的又一新技术，是中国陶瓷技术发展的一个重要里程碑。

乳浊釉是含钙、镁、磷高而含铝量低，在高温状态分离变化而产生的一种釉质，往往以"窑汗"的形式垂流至器物上，基本呈乳白色、蓝白和淡蓝色。其实，在商代的一些原始瓷中已经产生这种现象，从东汉开始，乳浊釉已经开始出现，在东晋、南朝、隋代持续使用，这一时期均为自然形状的挂釉，均为偶发现象，不是常态，但这些实践为唐代普遍使用积累了经验。隋朝，乳浊釉现象明显反映在青瓷上，在积釉地方呈现出漂亮的天蓝色乳光；到了唐代，在鲁山段店窑采集的瓷片中也发现了很多青釉瓷片、黑釉瓷片、白釉瓷片积釉部分，呈现蓝色乳光斑。由此可见，从东汉开始，乳浊釉已经开始出现，这些实践积累了经验，之后在唐代普遍出现。这表明，鲁山段店窑花瓷在初唐出现，有着成熟的技术基础[4]。

"瓷釉之所以具有乳浊性，是因为釉中悬浮着许多异相颗粒，其尺寸大于投射光的波长，粒子浓度较高的乳浊釉外观呈乳白色。这些第二相可以是残留石英、微细釉泡，析出的微晶如钙长石、透辉石、硅灰石以及液相分离所产生的无数纳米级的孤立小滴。由于纳米级的异相粒子的尺寸与白光入射的连续光谱的波长相近，因而产生瑞利（Rayleigh）散射效应，使瓷釉呈现天蓝色乳光。要达到宋钧和宋官钧这样艳丽的釉，其分相小滴的尺寸大部分应符合瑞利散射定律的要求，而其浓度则更要适中以保持既能散射强烈的天蓝乳光，又要保持一定的透光率，使其外观产生动人的宝石感。反之，孤立小滴的尺寸过大甚至大于入射光的波长，致使其散射光的强度与入射波长基本上无关而成为米散射。加之其浓度过大，即使很小的一部分的小滴尺寸接近于入射的波长，产生蓝光散射，也会被米散射主流所覆盖，而微弱的天蓝乳光不是看不见，就是因为太微弱而在艺术观感上不起作用了，况且虽然大部分的小滴尺寸都符合瑞利散射要求，但若浓度太高，分相釉也以呈乳白色为主，而蓝色乳光仍然是微弱的或局部的。[5]"

中国科学院上海硅酸盐研究所陈显求、黄瑞福、陈士萍等人的研究，也证明了这一点[6]。

统治乳浊釉艺术外观的因素有三个：

第一，分相小滴散射可见光的本质服从瑞利散射定律，视小滴的各项参数

[4] 深圳市文物考古鉴定所，郑州市中原陶瓷标本博物馆. 段店窑调查报告 [M]. 北京：文物出版社，2017：220-221.

[5] 李家治主编. 中国科学技术史·陶瓷卷 [M]. 北京：科学出版社，1998：432.

[6] 陈显求，黄瑞福，陈士萍，等. 唐代花瓷的结构分析研究 [J]. 硅酸盐通报，1987（2）：6-11.

而呈现或强或弱的天蓝乳光。

第二，兔丝纹的形成服从史托克斯（Stokes）定律，其尺寸和浓淡对釉美艳程度大有影响。

第三，分相釉中的釉泡如果含量适中，对釉可以增色不少。许多宋元钧釉都有一定量的小泡。

这三个主要因素鲁山花瓷都具备。由于鲁山花瓷属于乳浊分相釉，分相浓度渐高则从蓝转月白，釉泡适中（大小和浓度）则像珍珠[7]。

三、鲁山花瓷的呈色原理

唐代以前，无论黑瓷、青瓷、白瓷上出现的乳光斑，都只是在个别器物的局部发生特殊的物理、化学变化，具有很大的偶然性。直至唐代，窑工们注意到这种特殊的"窑变"现象，开始尝试着去解开窑变釉的形成条件和烧制环境。经过长时间的探索，在黑瓷上成功烧制出这乳光斑釉，创烧出前所未有的瓷器新品种——花瓷。

花瓷是一种高温釉，烧成温度在 1300 ℃±20 ℃，其黑釉的形成与釉中含铁量有关，而蓝色则是由于釉的液–液分相的结果，而白色彩斑则是局部大量的柱状硅灰石（$CaO \cdot SiO_2$）晶体析晶所致。窑中高温焙烧时，在高温作用下，斑釉产生物理、化学变化而形成程度不同的蓝色乳光分相釉，而蓝、白、黑交错流纹的产生，与烧窑期釉层气泡扰动，和上下釉层互相熔合以及高温下流动有关[8]。釉层和彩斑熔融流动，浸漫，形成二液分相釉层，黑色底釉漆黑透亮，蓝色斑釉流动自然，分相明显。

鲁山花瓷在烧成过程中，由于底釉中Fe_2O_3的分解而不断放出氧气，瓷胎中水和有机物在燃烧中产生的气体，使釉层中产生大量气泡。当烧成温度继续提高，釉在高温下黏度下降时，这些气泡会从底釉层向面/斑釉层运动，然后鼓破釉面外逸，在高温作用下，气泡的运动对底、面釉起着一种局部的搅拌作用，使底釉、面/斑釉相互渗透交融，形成了自然流纹。由于窑温和窑炉气氛控制适

[7] 李家治. 中国科学技术史·陶瓷卷 [M]. 北京：科学出版社，1998：445.

[8] 晋佩章. 中国钧瓷艺术 [M]. 郑州：中州古籍出版社，2003：105.

图 29　丝状流纹及爆花状斑

当，烧出的斑釉与底釉融合为一体，斑釉呈雨丝般纹样，生动自然。烧成后，其色调亦复杂多变，深色底釉上分布不规则乳白色、月白色、天蓝色、黑色、淡蓝色的斑、块、条、点状斑釉，底釉、斑釉互为装饰，绚丽多彩而又变幻多端（见图29），耐人寻味。彩斑自然流淌，深浅相间，斑斓变幻，率意醒目，相映成趣。

可以说，鲁山花瓷是河南地区唐代的创新品种，二液分相釉的新技术使鲁山花瓷呈现绚丽斑斓的窑变效果，是唐代瓷器工艺的新创造。大量的出土实物证明，鲁山段店窑为这种分相乳浊釉花瓷的首创，可以说，段店窑所产的黑地乳白斑、蓝斑瓷器，改变了单色釉瓷器的局面，产生了一器多色的彩釉瓷器。

在唐代中后期，由于段店窑烧制的花瓷腰鼓进入皇宫，带动了周边窑口生产花瓷，形成了以河南鲁山段店为中心，包含禹州下白峪、郏县黄道以及内乡、登封等地在内的花瓷窑系，此外，在陕西、山西等地的唐代瓷窑遗址中也发现有花瓷，可见花瓷在唐代流行的范围相当广。也说明花瓷烧造技术成熟，已成为深受人们喜爱的产品，所以各地窑口竞相效仿。唐代后期，鲁山花瓷的分相釉技术在全国传承，不仅在鲁山花瓷基础上产生了钧瓷，而且对石湾、宜兴、景德镇等地瓷器产生了深远的影响。

事实上，鲁山花瓷对后世分相乳浊釉发展的影响十分深远。鲁山花瓷釉色的创新，为瓷器装饰开辟了新的道路，如其后五代柴窑的"雨过天青"，以及北宋初期至中期在钧瓷的发祥地禹县刘家门和临近的临汝大峪店东沟等地生产的雨过天青釉"宋瓷"等。钧瓷釉色的烧成原理来源于唐代花瓷，因为钧瓷也属于二液分相釉，只不过是在鲁山花瓷釉料的基础上加入了铜等元素，使钧瓷呈现出更加五彩缤纷的艺术效果。直到明初，河南、河北、山西、内蒙古等许多窑场中大量生产的元钧，南宋吉州窑生产的所谓"蓝兔毫"，明代至今一直在生产的广均和宜均以及日本的所谓"海鼠釉"等，一系列具有蓝钧釉外观效果的分相乳浊釉，同鲁山花瓷的分相乳浊釉都是一脉相承的。

第二节　鲁山花瓷点斑技艺

一、鲁山花瓷点斑的出现与发展

在我国，真正意义上的瓷器出现在东汉时期，由高岭土或瓷石等制成坯，胎体外面罩施一层釉，然后在1200～1300℃的高温中烧制而成，胎体坚硬、致密而不吸水，釉面光洁、顺滑而呈玻璃质。最早出现的瓷器是青瓷，东晋时期，南方青瓷造型简朴，装饰简练，以含铁的釉料在青釉表面点出褐色斑点，这应为最早采用点斑釉彩装饰的陶瓷。北齐时期，北方制瓷工匠掌握了烧制白瓷的方法，工匠们在施好透明釉的白瓷上采用点斑釉彩装饰，经高温烧制呈现白釉绿彩。唐代，南北方都烧制白釉绿彩瓷器，北方很多窑口都发现有白釉绿彩钵、碗等，鲁山段店窑发现有大量的白釉点绿彩瓷器标本。宋代，陶瓷产业发展更加成熟，南北方各窑口相互交流，北方各窑口在白釉瓷器的基础上，以白釉为基础釉色，派生出白地黑花、白釉划花、白釉剔花、珍珠地划花、柳斗纹、白釉红绿彩、白釉绿彩等点画釉彩瓷。

鲁山段店窑最初以烧造黑釉日用瓷及仿烧北方白釉瓷为主，窑工们借鉴青釉褐彩及白釉绿彩的装饰方法，在黑釉瓷上以点彩形式点画白色斑釉。最初鲁山花瓷的点彩斑釉呈现出不规则、厚重、堆积痕迹严重、色调单一等特点（见图30）；唐代中期，烧制出了黑色底釉加乳白蓝彩斑瓷器（见图31）；晚唐五代时期，随着中原地区瓷业发展迅速，段店窑花瓷制作技术水平不断提高，其彩斑釉面白色中闪现蓝青色，产生丝雨状自然窑变，飘逸灵动，同时，由于斑釉配制技术的成熟，出现了丰富的爆花斑、云片斑等变化效果。

这一时期是唐代社会经济发展鼎盛时期，社会文化也极度繁荣，鲁山花瓷黑地乳白蓝斑的装饰符合当时唐代社会的审美需求，因此出现了部分具有装饰功能的器物。特别是鲁山花瓷腰鼓，受唐代宫廷礼乐盛行的影响，被选入皇宫

图 30 唐初期鲁山花瓷标本　　　　　　　　图 31 唐中期鲁山花瓷标本

作为宫廷乐器使用。

　　唐代末期，窑工们在斑釉制作工艺成熟的情况下，逐步尝试采用不同的点斑装饰技法，出现了梅花斑、绳纹斑等。为了体现鲁山花瓷釉色黑、白、蓝一器三色的装饰效果，工匠们采用了白色斑釉和黑色底釉互换，在黑色底釉上全部罩一层白色斑釉等施釉方法，出现了丰富的变化效果（见图32）。这为钧瓷的出现奠定了基础。在这个时期，由于段店窑瓷业的兴旺，鲁山花瓷制作技术和施釉工艺对周边窑口和瓷区的影响很大，宝丰窑、郏县窑、登封窑、临汝窑、密县窑、禹县窑及陕西耀州窑都有类似釉色出现。

　　宋代是段店窑发展的鼎盛时期，这一时期，河南窑口林立，瓷业昌盛。段店窑在选料、配制工艺要求较高，在黑瓷制作上也有了新的突破。从采集的黑瓷标本看，黑釉质地很细腻，通体一致，颜色漆黑明亮；从釉层和胎体之间的断面看，有一层白色的化妆土，使胎面细腻、洁净；沿用黑白对比的装饰方

图 32 唐晚期鲁山花瓷标本

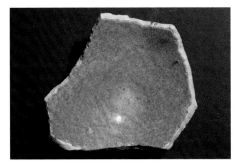

图 33 宋元时期鲁山花瓷标本　　　　　图 34 点梅花斑鲁山花瓷标本

法，在罐、瓶等器物的腹部刻画出一些平行的凸棱，施以白色化妆土，使器物表面出现黑白两种色调，对比鲜明，这是宋代黑瓷生产中一项突出的成就。

　　五代至宋初，鲁山花瓷的彩斑技术研究已非常成熟，在施釉方法上采用施一层黑色底釉再罩一层白色斑釉、整器全部施白色斑釉等方法，烧制出月白、天青等釉色，釉色丰富、釉质玉润、胎体变薄、造型精巧（见图33），窑工们在釉料中添加一些含金属氧化物铜的矿石，在月白、天青釉色上出现红色，由于烧制工艺的不断改进，窑工们能熟练掌控窑炉的气氛、温度，釉色变化愈加丰富，釉质更加纯净、玉润，逐步转变为"钧瓷"。

二、鲁山花瓷斑釉的形状和特点

　　鲁山花瓷乳白蓝色斑釉的表现方法，是把白色斑釉采用不同的施釉工具，通过点、刷、洒等方法施在黑色底釉上，由于施釉方法、温度和烧成气氛的不同，会产生不同的艺术效果（见图34）。从釉斑装饰形态来看有三种主要形状：固定斑、爆花斑和流动斑。

　　（1）固定斑，也称死斑。是指装饰块斑和条线斑固定，无流动感。斑形为条索状，偶见有梅花形。用毛笔随意画点而成，多见于乳白、月白边缘呈微蓝的斑块。

　　（2）爆花斑，俗称活斑。是指斑釉流动性不强，呈团形礼花状，中间为灰白，边缘呈微蓝色。多见于月白、乳白边缘呈微蓝色的斑块。

　　（3）流动斑，也称活斑。流动性相对较强，其中又可分为弱流动斑和强流动斑两种形态。弱流动斑指斑釉有流动感，厚釉处多为灰白、月白色，薄釉处多为蓝灰、天蓝色，像蓝天中的白云。以段店窑腰鼓上的斑釉装饰最具代表性。强流动斑，月白、乳白、天蓝混合并偶尔夹杂灰褐色。多以灰白和蓝灰混合使用，呈丝状纹，丝状，流动明显，似"雨淋墙釉"，多见于大型的缸、罐类器型，腰鼓较为少见。多见于禹州苌庄窑和登封窑生产的花瓷。

（4）**云片斑**。斑纹釉较随意，呈长方形，后尾往往顺势快速前进或转折后拉，斑釉厚处为乳白色，薄处为蓝色。颇有中国书法和泼墨画的风格，使斑釉极具活泼、潇洒飘逸。

（5）**梅花斑**。用毛笔蘸稠釉在器物上点出梅花状或油画效果的图案。应用极少，大多是随意而作，毫无刻意，表现自然。

（6）**绳斑**。连续在坯体上施成不规则的条索形、半圆形图案。多用于斑釉较稠，可以看出用挤釉器类施釉等。这种方法在鲁山花瓷中应用较少。

第五章

鲁山花瓷的历史地位

第一节 鲁山花瓷——唐代贡瓷

一、鲁山花瓷的兴起及其衰落

鲁山段店窑在唐、宋时期为中原地区著名窑场，烧造规模宏大、质量上乘、品种丰富、制瓷技术先进，很多类型烧制都早于周边窑场，在窑场间的技术交流中起到主导作用。可以说，唐宋时期，段店窑带动了河南中部地区制瓷业的发展，其最大贡献是分相乳浊釉技术的创造，启发了之后的汝瓷，并且为钧瓷的出现奠定了基础。

宋代，鲁山段店窑无论是在原料的选取、烧制的工艺以及产品质量上，都有了很大提高，摆脱了唐代厚重的胎体，造型更加精巧，品种日益丰富，与相邻的宝丰清凉寺窑、汝州窑连为一片，窑口林立、瓷业昌盛。北宋初年，禹州成功地烧制出造型庄重典雅、工艺技术精良、釉色光润丰厚的钧瓷，北宋后期，钧瓷生产出现了繁荣昌盛的辉煌局面，工艺上精益求精，烧造技术达到了历史巅峰，成为官窑。北宋钧瓷的华丽绽放，正是"唐钧"数百年积淀的产物。

但就花瓷而言，宋代初期，花釉瓷器已明显减少，代之而起的是结晶釉瓷器，即在器表烧制出兔毫、玳瑁斑等不同的窑变斑纹。北宋中晚期至金代，花釉瓷逐渐消失，兔毫、鹧鸪斑、油滴等结晶釉式瓷器较为盛行。这一方面可能是进入宋代，文人的审美趣味发生了很大变化，粗犷豪放的风格不再受到欢迎；更大的可能是和技术的进步发展有关，钧瓷已经进入繁荣时期，因此鲁山花瓷被取代。入元后，由于河南地区战争频繁，政治、经济重心南移，北方地区手工业受到了严重打击，制瓷业也难以幸免，北方各窑口逐步衰败，段店窑也不例外[1]。

---

[1] 李辉柄，李知宴. 河南鲁山段店窑 [J]. 文物，1980（5）：59.

可见，鲁山花瓷从唐初始烧，经过中唐达到鼎盛，究其兴盛成因主要有：

第一，段店窑地处河南中部山区，自然条件得天独厚。段店窑坐落于伏牛山东麓，地下蕴藏着丰富的黏土、石英、铝土等瓷土和煤炭资源；附近有大浪河、沙河，水资源充足，为制瓷业提供了充足的原料和燃料；并且毗邻宛洛古道，具备良好的水路、陆路运输条件。

第二，繁荣稳定的经济为段店窑的兴盛创造了有利条件。唐代是中国历史上经济、文化最繁荣的时期，初期施行休养生息的政策，较快地恢复了社会生产力；经济结构的变革，使得达官显贵除兼并土地外，还创办各类手工业作坊；匠籍与徭役制度的调整，使得部分农民从土地中解放出来，投入到手工业生产中。

第三，唐代社会经济的发展，人口的增长和瓷器的普遍使用，使陶瓷制品的需求大量增加，也促使窑场不断扩大生产规模，改进烧制技术，以提高产量。

第四，段店窑的蓬勃发展绝不是孤立的，与周边窑场的技术传播有着紧密的关系。中原地区是北方最大的制瓷中心，形成了一个庞大的窑群：密县窑、巩县窑、登封窑、禹州窑、郏县窑、汝州窑、宝丰窑等纷纷崛起，和鲁山段店窑互相交流，共同发展。比较这些窑口同时期的制品，不难发现其胎、釉以及装饰工艺等，都有或多或少的相似之处，可见窑场之间的技术交流频繁，先进制瓷工艺的相互借鉴，有力地推动了河南地区制瓷业的发展。

综上所述，段店窑经历了唐代的辉煌，创造性地采用彩斑装饰，打破了单色釉格局，随后，其他地方的窑口也纷纷效仿，中国瓷器装饰向多彩化方向发展。然而随着钧瓷窑变釉的出现，宋初花瓷开始衰落。宋金时期中原战乱，大批工匠纷纷逃亡到南方，流失了大量具有丰富经验和精湛制瓷工艺的工匠，北方瓷业开始走向衰落。南宋以后，经济重心由北方转移到南方，对北方瓷业是毁灭性的打击，鲁山临近都城洛阳的区位优势不复存在，一代名瓷鲁山花瓷逐渐衰落。

二、鲁山花瓷应为唐代贡瓷[2]

关于"贡窑""官窑"和"御窑"，目前尚无严格的定性标准。一般认为：

---

[2] 梅国建. 唐朝贡瓷——段店窑鲁山花瓷 [A]. // 中国古陶瓷学会. 汝窑瓷器与段店窑瓷器研究 [C]. 北京：故宫出版社，2017：317-334.

　　"贡窑"为民办或官民合办，主要生产民用瓷器，其中优质产品推荐或指定作为贡品进入皇宫。

　　"官窑"是由地方或中央政府举办的窑场，除供民用外，优秀产品特供皇宫或根据皇宫的需要订制。定为贡品的产品，民间和官员、豪绅不能私藏。

　　"御窑"是皇窑或皇帝指定的专为皇宫烧造御用器物的窑场，宫中派官员监管，有严格的管理制度，产品设计或产品初样由皇宫主管官员或皇帝亲自审定。

　　关于段店窑作为贡窑的问题，有以下古代文献和考古资料作为论据：

1. 文献资料《羯鼓录》记载的真实性和权威性

　　"鲁山花瓷"一名最早见于《羯鼓录》中。唐代文学家和诗人白居易、刘禹锡对唐代宫廷之事知之较多，两次劝好友南卓撰录《羯鼓录》，由此可知，《羯鼓录》属"纪实性"文献，其权威性不言而喻。

　　根据《羯鼓录》记载，唐玄宗时期，皇帝李隆基、宰相宋璟都深好音乐，兼擅两鼓（羯鼓和腰鼓）。他们谈论制作腰鼓鼓腔的材质时，明确说明了腰鼓鼓腔为鲁山花瓷和青州石末所制。由于木质鼓腔具有易腐，长期敲打易松散、音色不够清脆、洪亮等缺点，选用鲁山花瓷做鼓腔，则能够克服这些缺点。

　　此外，唐人南卓《羯鼓录》、宋人李昉《太平御览》等文献中，还记载了段店窑花瓷腰鼓在宫廷中使用的情况。元代吴莱《明皇羯鼓歌》、清末黄矞《瓷史》则分别对鲁山花瓷产生时间、形制、调音、击打方法及在唐宫乐器中的重要性，都做了明确的论述。

2. 皇帝和宰相认同的鲁山花瓷

　　《羯鼓录》载：

　　　　"宋开府璟，虽耿介不群，亦深好声乐。尤善羯鼓，始承恩顾，与上论鼓事，曰：不是青州石末，即是鲁山花瓷。捻小碧上掌，下须有朋肯之声，据此乃是汉震，第二鼓也。且膁用石末花瓷，固是腰鼓，掌下朋肯声，非羯鼓明矣。"

　　　　"上与开府兼擅两鼓，而羯鼓偏好，以其比汉震稍雅细焉。"

　　这两段话表明：

　　第一，玄宗皇帝和宰相宋璟都喜爱鼓类，尤其是羯鼓，腰鼓为第二鼓。唐玄宗与宋璟都擅打羯鼓与腰鼓，宋璟家传这种鼓。

第二，《羯鼓录》为当事人说当时事，其记载的鲁山花瓷不但说出了地名，同时也说出了瓷种。日理万机的皇帝和宰相能说出这种乐器的产地、瓷种、使用方法和声音特点，可见其钟爱程度。

第三，腰鼓是用青州石末（石质）或鲁山花瓷作为鼓腔（壁），拍击时声音发朋肯声，可以捻小璧来调音（应是两端鼓皮往来穿绳中间的绿色石质松紧纽）。

第四，唐朝文献中记载，羯鼓击打时用"两杖"，其声"焦杀鸣烈""破空透远"，而腰鼓击打时发出的声音则"雅细"。

3. 考古出土资料的间接证明

故宫旧藏花瓷腰鼓经田野考察、发掘，证实为唐代鲁山段店窑生产。1980年以来，段店窑址出土了大量腰鼓型残片，有些内壁刻画有姓氏、数字、产地的文字。但黑地乳白蓝斑的腰鼓完整器未见出土。

就目前考古发现的鲁山花瓷腰鼓来看，主要出现地集中在洛阳及其周围的遗址、墓葬中，洛阳是唐代的东都，肯定与宫廷密不可分；近年还在西安大明宫遗址发现了鲁山花瓷腰鼓，因为大明宫是唐代的皇宫，证明鲁山花瓷很可能就是宫廷使用的器物。而除洛阳、西安大明宫遗址之外，其他地区未见出土有花瓷腰鼓，这就说明鲁山花瓷腰鼓可能仅限于唐两京（洛阳、西安）使用，可见其身份的高贵[3]。

1950年，陈万里考察宝丰青龙寺、鲁山段店古窑址时记录："就散布碎片的面积看来，在当时是一个极大的烧瓷山场。而段店比之青龙寺的范围还要大。段店寨墙上，粘满了各种碎片，就是屋墙路面也都是的，可以想见当年烧瓷山场的繁盛"[4]。近年来段店窑址出土的鲁山花瓷腰鼓品种之多、器片标本数量之大，其他窑口无法比拟，也是鲁山花瓷腰鼓被选进唐宫的重要条件。

4. 鲁山具备"上贡"的条件

段店在唐代已设镇。唐悊传《加修宣圣庙记》载"境内有段镇"[5]。20世纪90年代初的《鲁山县志》载："开元八年（720年），段店一带瓷器工业迅速

[3]　任志录. 从鲁山花瓷看关于腰鼓的几个问题 [J]. 东方收藏, 2018（4）: 15–26.

[4]　陈万里, 冯先铭. 故宫博物院十年来对古窑址的调查 [J]. 故宫博物院刊, 1960（5）: 112.

[5]　尹崇智. 鲁山县志 [M]. 郑州：中州古籍出版社, 1994 : 718.

发展，出现前所未有的鼎盛局面，产品颇负盛名"[6]。当地流传有"清凉寺到段店，一天进万贯""先有段店，后有神垕"。这些史料都有力证明，当时段店的兴旺程度和瓷业发展的盛况。

而《羯鼓录》中记载的"鲁山"，在能查到的唐代文献中只有两处：河南"鲁山"和山东"鲁山"，但山东的"鲁山"不是瓷器产区，可以排除。只有河南鲁山不但地名符合，而且产品也完全符合，并且当时鲁山已形成较大规模的陶瓷产区。可以说，在当时中国的版图上，有"鲁山"之名并产花瓷的只有河南鲁山县，毋庸置疑。

而且，鲁山县段店窑出土的花瓷，年代属唐中早期，与古文献（《羯鼓录》）记载的年代一致，所产花瓷腰鼓的型制、釉色、质地、尺寸，与故宫博物院清宫旧藏传世的腰鼓相同。另外，唐代文献《唐六典》中对河南道土贡瓷器的记载，表明段店窑花瓷是唐代瓷器中的名品。

5. 腰鼓是宫廷礼乐中重要的乐器

在唐朝早中期，鼓作为一种膜鸣乐器，在宫中、上流社会、民间广为流传。玄宗皇帝不但善于击鼓，并亲作和修改如《春光好》《色俱腾》《曜月光》等曲。在他的影响下，在宫中，上自皇帝、下至王子宰相大臣，竞相使用鼓类乐器。

《新唐书·礼乐志》记载的皇宫、国家事务的宴飨乐舞中，《天竺乐》《龟兹乐》《疏勒乐》等多数乐曲都必有腰鼓参与。《新唐书·礼乐十一》载：

《天竺伎》：有铜鼓、羯鼓、都昙鼓、毛员鼓、觱篥、横笛、凤首箜篌、琵琶、五弦、贝，绯一；铜钹二，舞者二人。

《龟兹伎》：有弹筝、竖箜篌、琵琶、五弦、横笛、笙、箫、觱篥、答腊鼓、毛员鼓、都昙鼓、侯提鼓、鸡娄鼓、腰鼓、齐鼓、檐鼓、贝，皆一；铜钹二，舞者四人。

《疏勒伎》：有竖箜篌、琵琶、五弦、箫、横笛、觱篥、答腊鼓、羯鼓、侯提鼓、腰鼓、鸡娄鼓，皆一；舞者二人。

及平高昌，收其乐。有竖箜篌、铜角一，琵琶、五弦、横笛、箫、觱篥、答腊鼓、腰鼓、鸡娄鼓、羯鼓，皆二人。

---

[6]　尹崇智. 鲁山县志 [M]. 郑州：中州古籍出版社，1994：20.

由此可知，鼓的种类有铜鼓、答腊鼓、羯鼓、侯提鼓、腰鼓、鸡娄鼓、齐鼓、檐鼓、毛员鼓、都昙鼓等十种之多，腰鼓和羯鼓是十部乐中最重要的乐器。在《天竺乐》《龟兹乐》《疏勒乐》等雅乐中，都必须有腰鼓参与演奏，可见鼓在唐代十部乐中占据着非常重要的位置。

6. 较为规范的管理制度

出土的唐代腰鼓内壁刻画有笔者的姓氏（如李、赵）、数字（如九）、地名。笔者收藏的腰鼓残片标本内壁有"……山县"字样，可推断出应是"鲁山县"。制作者姓氏及产地文字表明，当时腰鼓的生产已有专门的管理、分工制度，而产地标识、符号，与文献中"官窑""贡窑"制度基本吻合。

2007年，在段店窑旁发现一处集中的腰鼓瓷区，从数量及集中出土的情况分析，当时应有专门烧制腰鼓的瓷窑和集中销毁花瓷腰鼓次品的场地。并且到目前为止，还没有发现民间流传和传世的完整花瓷腰鼓，说明花瓷腰鼓在当时被定为"贡瓷"后，建立了专门的管理制度，和北宋时的官窑瓷器一样，不允许流入民间。鲁山花瓷稀少的原因，可能与仅供皇宫使用，民间不能拥有的官窑管理制度有很大关系。

7. 鲁山花瓷从唐一直到明都享有极高的声誉

元代著名学者、隐士吴莱[7]撰《明皇羯鼓录》有"宋公守正好宰相，鲁山花瓷闻献躁"之句，把鲁山花瓷的品质名气与宰相宋璟相比，可见鲁山花瓷在他心中的位置。

清人黄裔（1873—1951年）撰《瓷史》："鲁山县属汝州，即宋人所斥为汝器者，元明以来实为文房所珍宝，岂唐初所烧者仅以花瓷显于世耶？"黄裔专攻经史，《瓷史》文中所述鲁山县属汝州，就是宋代人所贬低为汝瓷的，自元朝以来，确实为文人所珍爱。难道唐代初年所烧制的瓷器，仅以花瓷显明于世吗？说明至少在宋初，鲁山花瓷的名气有可能是超过汝瓷的。

综上所述，不论从文献记载、故宫博物院藏实物还是考古出土遗物来看，三者之间可以互为印证，可以确定段店窑在唐代为"官窑"或"贡窑"，曾向

---

[7]　吴莱（1297—1340年），元代学者，深研经史，性情耿直。

宫廷提供"贡瓷",即优质的鲁山花瓷产品[8]。所以,笔者认为段店窑应列为唐代"贡窑"或"官窑",其代表产品黑地乳白蓝斑腰鼓应为"贡瓷"。因此,鲁山段店窑在唐朝,应为继南方越窑之后,在北方发现的又一"贡窑",而鲁山花瓷腰鼓在唐玄宗时期作为"贡瓷"进入宫廷。

---

[8] 李自涌. 关于《段店窑调查报告》的深度访谈 [J]. 东方收藏,2018(4):48-49.

第二节　鲁山花瓷窑系

一、鲁山花瓷窑系的形成

20 世纪 60 年代以来，在河南郏县黄道窑址首先发现了唐代花瓷标本，此后，相继在鲁山段店窑、内乡大窑店窑[1]、禹县苌庄窑[2]、禹县下白峪窑[3]、登封窑等又发现了大量标本。河南鲁山段店窑花瓷创烧于开元、天宝年间，或者更早。段店在唐代为段镇，是一个重要的商品集结的中心城镇，与宋元时期的商贸集镇桃花店仅有数里之遥，离汝窑、钧窑以及唐代东都洛阳也都很近，各个陶瓷窑口之间互相仿制是一个普遍现象。

唐花瓷在河南、山西、陕西三省均有窑址标本发现，但以河南为多。发现标本的窑口有：鲁山段店、郏县黄道、禹县苌庄、禹县神垕上白峪、登封朱垌、内乡大窑店、巩县围圆等。其中鲁山段店窑址最大、产品最多，郏县黄道窑以黄釉产品为代表。

禹州窑

唐代，禹州境内瓷业生产的规模相当可观，特别是苌庄乡的生产规模尤为惊人。从唐代早期至唐末、五代，此处应是北方制瓷中心之一，为钧台窑和白峪窑后来成为宋代的著名钧瓷窑场打下了良好的基础。禹州唐代花瓷窑址发现较晚，在禹州西北有大规模的唐花瓷窑址群，其中唐代窑址三处，即神垕镇的赵家门

---

[1] 李桂阁. 河南内乡邓窑及邓窑瓷器 [J]. 中原文物，2009（6）.

[2] 曹子元. 禹县苌庄唐代窑址初步调查 [C]. // 河南省文物研究所. 河南古瓷窑址资料汇编 [M]. 郑州：河南省文物研究所，1985.

[3] 秦大树，赵文军，刘岩. 河南省禹州市神垕镇下白峪窑址发掘简报 [J]. 文物，2005（5）.

（下白峪以东）、苌庄乡苌庄村和苌庄乡玩花台（玩北村西岸）。

特别是1977年在禹州下白峪发现一处唐代花瓷窑址，窑炉上部已坍塌，只有半个窑底，是在平地上深挖的土质窑。遗存有窑炉、泥池、各种残器和窑具等，残器有腰鼓、碗、罐、折沿盘、钵、瓶等，胎骨较厚。碗、钵、罐均为平底。釉色以黑、褐居多，也有少数黄色釉。由于受窑温的影响，彩斑多不规则，有的稳定，有的从器物口部流淌到足部。斑块有月白色、灰白色、蓝色，潇洒自然，有烟云变化之美感。也有的蓝白相间，莹润典雅。从禹州神垕下白峪窑址的发掘成果看，花釉瓷器中有与唐三彩造型相似的器类，如三足盆、双系罐、龙柄罐等，表明花釉瓷器在当时生产的瓷器中可能主要是具有礼制意义的器物[4]。在堆积层内，发现有窑具、瓷器残片和木炭灰，没有煤渣，也没有匣钵，系用木柴烧制。这个窑口的产品质地优良，和鲁山段店、郏县黄道窑的唐代花瓷属同一类型，为研究中国陶瓷发展史提供了极其宝贵的新资料。如《中国陶瓷史》内记有："此后不久河南禹县……在小白峪（实为下白峪）也发现了一处唐代瓷窑遗址。在采集的标本中，也有不少腰鼓残片，釉色斑点、形质与鲁山段店窑的基本一致。由此得知河南唐代烧腰鼓的除鲁山窑外，还有禹县小白峪窑……提示了钧窑早期历史与唐代花瓷有关。[5]"

禹州唐代生产的花瓷制品以生活用品为主，主要有壶、罐、盘、碗、钵、腰鼓等，多为平底，胎骨较厚。釉色以黑褐色居多，也有少数黄色，器物上布满彩斑，有天蓝、月白、灰白等色。在堆积层内，发现有各种窑具和木炭灰，没有见到煤渣和匣钵，可推断当时系用柴烧。发现的天蓝釉、月白釉属于唐末五代时期的花瓷标本，经故宫博物院、中国历史博物馆、河南省文物考古所等专家考察，一致认为这个窑口的产品和鲁山段店、郏县黄道同属一种类型[6]。

从时间来看，下白峪窑烧制花瓷的时间稍晚于鲁山段店窑，而从在鲁山段店和禹县下白峪窑发现的腰鼓标本看，其釉色、斑点及形制基本一致[7]。故推测，下白峪窑花瓷可能是受到鲁山段店窑的影响而发展起来的。神垕镇下白峪窑址发

[4] 徐华峰. 河南禹州唐郭超岸墓出土瓷器 [J]. 文物，2014（5）：76.

[5] 中国硅酸盐学会. 中国陶瓷史 [M]. 北京：文物出版社，1982.

[6] 晋佩章. 中国钧瓷艺术 [M]. 郑州：中州古籍出版社，2003：101.

[7] 郭灿江. 董源格. 唐代花釉瓷器 [J]. 收藏家，2011（3）：10-14.

掘出土的三足盆标本XBT6：33[8]，与刘府君墓出土的三足盆在器型和施釉方式上极其相似，很有可能就是该窑烧制的。由此可以推断，神垕镇下白峪窑在天宝年间也烧制出了花釉瓷，并销往周边地区。

而唐花瓷又称唐钧，唐钧和宋钧都是具有相同化学特点和细分散的液滴状分相结构的分相乳光釉，唐钧器上乳光蓝斑是后世蓝钧等分相乳光釉的先导。从大量的实验中发现，唐代花釉瓷的白釉蓝斑、黑釉白斑、蓝釉器与钧瓷蓝釉的主要釉料成分，都是一种当地的土药，或许钧瓷就是在其影响下产生的。

由于禹州唐代花瓷窑址发现较晚，古书无记载，但其生产时间并不晚于河南其他唐代瓷区。建国后，禹州市文物管理所在市区内征集收藏较完整的唐代花瓷十余件，其中定为国家三级以上文物的8件。20世纪70年代在苌庄乡龙福寺和火龙乡瓦店村出土的两件唐花瓷注子和北京故宫博物院、上海博物馆、鲁山文化馆、郏县文化馆收藏的注子形质基本一致，都是我国唐代花瓷的典型作品。

禹州苌庄窑

1981年以来，在禹州市苌庄乡发现唐代古瓷窑址15座[9]，是河南全省规模最大的唐代古瓷窑群，其中11座兼烧唐代花瓷。

苌庄窑位于河南省禹州市西北部，西邻登封市，北界新密市，东接禹州市浅井乡扒村，磨河、龙潭河自西北向东南穿境注入颍河。窑址南北长约7千米，东西宽约4千米，总面积约30平方千米，分布于磨河、龙潭河两岸及两河中间的丘陵地带。其中磨河两岸自南向北依次有上磨河、苌庄、柏村、下王沟、玩花台等窑址；龙潭河自南向业有孙河、西尹湾、缸瓷窑、上仙庙、老观岩等窑址；西河中间丘陵带自南向北有李沟、后庄、上王沟窑址。其中，柏村窑址位于柏嘴山下，距装庄河约1千米，属唐代早中期遗址；磨河窑址位于新村南端磨河湾处，有花瓷、黑瓷、黄瓷、白瓷，亦存有大量的窑具，器型有碗、盘、钵、注子等，均饱满肥大，属唐中期窑址；下王沟窑址标本多为黄瓷、白瓷、花瓷窑址，下限在唐后期；苌庄村窑址位于苌庄乡政府北的小山下，以生产白瓷、黄瓷、青瓷为主，兼烧黑瓷、白地黑花瓷，属唐末五代至宋窑址。

---

[8] 北京大学中国考古学研究中心，河南省文物考古研究所. 河南省禹州市神垕镇下白峪窑址发掘简报 [J]. 文物，2005（5）：15-36.

[9] 安廷瑞. 禹州唐代古瓷窑群遗址的发现与研究 [J]. 许昌师专学报，2002（1）.

　　苌庄古瓷区唐代瓷窑遗址四处，沿苌庄河从上游到下游依次排列，从老观崖、玩花台、柏村到苌庄，规模大小不一，年代有早有晚。规模以苌庄窑为最大，产品也最多。从产品的精良程度、艺术品位上看，柏村窑、老观崖窑则较高。综合分析，玩花台窑、苌庄窑始烧于唐初时期，柏村窑、老观崖窑烧于中晚唐期间，时间上有延续和传承关系。苌庄瓷区唐窑遗址群早于禹州地区其他窑口，无论制作规模还是工艺精良程度，都处于禹州陶瓷领域前列。特别是多姿多彩的釉面装饰，如白釉黑斑、黑釉白斑、黄釉褐斑、黑釉蓝斑、黑釉褐斑、黄釉白斑、黑釉白斑等制作工艺手法，开创了钧瓷窑变艺术的先河，对禹州地区其他窑口陶瓷业的发展产生了深远的影响。老观崖遗址位于龙佛寺水库附近，文化堆积层处于地表以下，从地表发现的陶瓷遗存有注子、盆、缸、钵、罐、盘、碗、杯、壶、炉等，以日常生活用器为主。釉色品种较多，除白釉、黄釉外，还有大量黑釉，褐釉彩斑器。如黑釉白斑、黑釉蓝斑、褐釉白斑、褐釉蓝斑等，具有较高的工艺水平和艺术价值。老观崖窑应处于唐代晚期，其时唐钧点斑烧制技术已相当完善，开始向钧瓷窑变呈色工艺过渡。

　　苌庄窑的准确创烧年代，由于缺少史料记载，目前已无从考证。苌庄窑作为禹州地区历史最久，规模最大的古陶瓷产地，创烧时期最迟也应在秦汉之前。唐代，苌庄窑庞大的、延伸十多平方千米的陶瓷业生产规模之大，品种之多，为其他北方陶瓷窑口所不及。从目前所发现的唐代苌庄窑陶瓷残片来看，造型简洁古朴、厚实庄重，釉色浓厚，表现方法和技术工艺丰富，在单色釉上面再用其他色调泼斑、爆斑，这样产生的釉色充满了动感。就底色而言，不仅有黑釉，也有白色、黄色、褐色；所施彩斑也极丰富，有黑斑、白斑、褐斑、蓝斑、绿斑等。底釉和斑块的色彩互换，相互交织，随意而施，毫不做作。唐钧釉色对比鲜明，装饰极富动感，自然和谐的各色斑纹、庄重简洁的造型，具有北方特有的粗犷豪放的特色。

　　苌庄位于洛阳东南50多千米，在唐代一段时期内属于东京，属于京畿之地，自然也是经济和贸易的中心，是当时世界上最大的城市之一；另外东都洛阳陆路运输及漕运发达，商路通畅，汇集到这里的商品很容易分散转运到全国各地甚至国外；而苌庄所处的两山之间的夹道正是洛阳通往中原腹地以及江南的官道，而北上几十千米就是隋唐时期的交通大动脉大运河的通济渠段，通过这里可以直达扬州。

图 35 黄褐色灰白斑花釉执壶，高 22.5 厘米，口径 7.8 厘米，底径 10.8 厘米，
登封前庄窑址采集，登封窑博物馆藏

登封窑

　　传统上的登封窑主要是指登封曲河窑，创烧于唐晚期，盛于北宋，延续五六百年之久，是河南唐宋时期一处规模较大的窑场。窑址附近庙内有清光绪二十一年（1895年）重修观音文殊菩萨堂碑记说："地名曲河，面地势也，其中风景物色，宋以前渺无可稽。尝就里人偶拾遗物，质诸《文献通考》，而知当有宋时窑场环设，商贾云集，号邑巨镇。"

　　自1961年、1962年故宫博物院、河南省文物工作队前往登封曲河窑遗址考察以来，先后在登封境内发现了前庄窑、白坪窑等窑址，和曲河窑共同形成了登封唐宋古陶瓷窑群。在遗址所采集的瓷片标本中发现了唐代花瓷标本（见图35），从登封窑创烧于唐代后期这一时代特征来看，登封窑所烧制的花瓷无疑是受到鲁山段店窑的影响。

　　从登封和芟庄两处瓷窑生产的花釉瓷器和标本看，作为相邻的两处窑场，生产的花釉瓷器有许多相同之处：

　　首先，在两处窑场花釉瓷器的生产区都有唐代早中期的黄釉席地点褐彩瓷品种，这表明了黄釉席地点褐彩瓷与花釉瓷出现有一定的联系。特别是禹州市浅井乡横山村郭超岸纪年墓出土的三件花釉瓷器，证明了禹州生产唐代花瓷的时间下限是唐代中晚期。

其次，两处窑场花釉瓷器的器型都比较少，常见的仅有执壶和罐等，没有发现花釉瓷最具代表性的腰鼓。

最后，两处窑场生产的花瓷基本上都是以黄褐色和黑色釉上饰以灰白和蓝灰斑，其他色调少见[10]。

从两处窑场生产的花瓷来看，除共同之处外还有一些差异：

首先，在装饰的釉斑饰上，虽都为灰白釉，登封前庄的花釉瓷中灰白斑普遍泛蓝色，苌庄窑花釉瓷灰白釉普遍泛灰色。

其次，在施釉程度上，登封前庄窑的花瓷釉斑装饰釉较稀薄，流淌性较强，一般能通过釉斑看到底色釉，苌庄窑花瓷的釉斑装饰相对较厚。流淌性不强，仅在釉薄处看到底色釉。

最后，在釉斑施釉技法上，两处窑场的花瓷上的釉斑装饰虽都有较大的随意性，但苌庄窑的釉斑随意性更强[11]。

密县窑

位于河南密县（今新密市）西关及窑沟，有西关及窑沟两处遗址，西关窑始烧于唐而终于宋初，窑沟窑烧瓷则为宋金时期。有白釉瓷、黄釉瓷、黑釉瓷、青釉瓷、花瓷等，唐、五代以白釉瓷为主。西关烧白、黄、青、黑各色釉瓷及珍珠地划花等品种，珍珠地划花装饰在密县窑中出现最早，宋代较流行，窑址出土的五代鹌鹑纹小枕，纹饰具有仿唐金银器錾花工艺特征。黑地白斑鲁山花瓷生产工艺成熟，釉色纯正，具有唐代中晚期段店窑鲁山花瓷的特征，证明其受段店窑影响较大。

以上窑口生产的花瓷与鲁山段店窑的传承关系还需进一步考证，但从存世和出土的标本看，其中鲁山段店窑址最大，花瓷产量较大，品种较多，质量较高。这是唐朝宫廷从众多生产花瓷的窑口中选中鲁山花瓷作为宫廷贡瓷，并得到皇帝和大臣们赞誉的根本原因。

---

[10] 北京艺术博物馆. 中国登封窑 [M]. 北京：华侨出版社，2014：291-292.

[11] 北京艺术博物馆. 中国登封窑 [M]. 北京：华侨出版社，2014：291-292.

郏县黄道窑

位于河南省郏县城北10千米的黄道村东马蹄河畔，面积2.1万平方米，文化层厚2.40米，是20世纪60年代修建老虎洞水库时发现的。花瓷腰鼓残片最早就是在这里发现的。在黄道、黑虎洞及石湾河三处遗址中，黄道及黑虎洞均有唐及元代标本，石湾河则属元代遗址。郏县黄道窑和鲁山段店窑所烧制的花瓷是唐代花瓷装饰艺术的典型代表，那种气韵天成的蓝白彩斑纹，凝重简练的造型，既有北方特有的粗犷豪放，又不失细腻的艺术风格。正如赵青云所说："唐代花釉，采用简单的工艺处理，却达到了给人以美感的艺术效果。更引人注目的是，郏县黄道窑所烧制的黑釉蓝斑器，在白釉上施青蓝彩斑，有其独特的艺术风格。其窑变工艺可能是在蘸釉以后，采用涂彩或点彩的方法，以加重色彩，经过窑变，使其形成块状的斑彩。这种块斑，形状各异，变化万千，黑里泛蓝，或黑釉黄斑，恰似金光闪闪，独具风姿。""郏县黄道窑和鲁山段店窑烧制的花釉瓷罐，凝重豪放，别具特色。那种光彩变幻，气韵天成的蓝、白色斑饰，具有北方的地方风格"[12]。

内乡邓窑

在今河南内乡大窑店，故名。因宋属邓州，故旧称"邓窑"。遗址坐落在高岭土产区，以大窑店村为中心，北起土槽沟，南经店房、水沟、白杨至上庄村。在这个狭长地段上，散存着成堆的窑具、瓷片、残窑壁和烧土块等。邓窑始烧于唐而终于元，唐时烧黑釉及带斑点的花瓷。

除河南地区外，山西交城窑、陕西铜川黄堡窑也烧制了花釉瓷器。从各窑出土残瓷片分析，器型常见于瓶、罐、盘、碗、注子和腰鼓等。山西交城窑、陕西铜川黄堡窑等烧制的花釉瓷腰鼓不仅数量较多，而且分有大小不同的型号[13]。耀州窑出土的唐代花瓷腰鼓残件，尤其是1982年陕西西安北郊唐大明宫遗址出土的花釉腰鼓（见图36），可判定为黄堡窑产品，说明唐代宫廷乐舞中，也曾使用黄堡窑花釉腰鼓。与河南地区烧制的花釉瓷腰鼓相比，耀州窑（黄堡窑）址出土的腰鼓形体较小，胎体轻薄，黑色底釉呈灰黑或灰褐色，花釉部分色料凸起，但几乎不见河南窑口花釉瓷腰鼓的蓝色斑块，而多呈乳浊状，犹如漂浮的云朵。交城

[12] 赵青云. 河南陶瓷史 [M]. 北京：紫禁城出版社，1993.

[13] 赵志文. 河南隋唐五代考古发现与研究 [J]. 华夏考古，2012（2）：122-136.

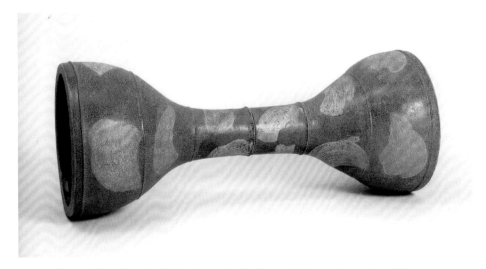

图 36 花瓷腰鼓，长 65.8 厘米，口径 22 厘米，1982 年西安大明宫遗址出土，
西安市文物保护考古所藏

窑址出土的花釉瓷器标本胎色相对较白，施釉也薄，年代上也比鲁山、禹县晚，可能是受其影响而产生的[14]。

不过，河南地区应为最早开始烧造花瓷的，大部分学者认为段店窑应该是最早烧花瓷，段店窑出土花瓷的器型是目前已知窑场中最为丰富的，工艺水平也最高。在鲁山段店窑的带动下，河南省省内的其他窑场，如郏县黄道窑、禹州下白峪窑、内乡邓州窑，以及陕西耀州窑及山西交城窑等唐代窑场都开始烧制花瓷，形成了一个庞大的花瓷窑系。这几处窑口的花瓷虽有共性，但又有差异，而且各处花瓷的造型也各有特征。

如果单就瓷器的烧制工艺和烧制成果来看，郏县黄道窑、禹县下白峪窑和邓县内乡窑花瓷没有本质上的区别，但对比各陶瓷遗址采集的瓷片可以发现，鲁山段店窑、禹县下白峪窑和山西的交城窑是以黑色或黑褐色釉上，饰以月白色或灰白色彩斑所著称；而郏县黄道窑和内乡的大窑店窑则是以黑色、月白或钧蓝釉上饰以天蓝色细条纹彩斑而闻名。郏县黄道窑和内乡大窑店窑器型比较简单，仅有壶、罐、瓶类，而鲁山段店窑不仅有壶、罐、瓶、缸，还有碗、盘、盆、钵、

---

[14] 杜文. 唐代黄堡窑的黑釉瓷及其创新品种 [J]. 文博，2007（2）.

枕、炉和粉盒等，尤其还发现大量的花釉腰鼓，更胜别窑一筹[15]。鲁山段店窑瓷片中花釉瓷瓷片数量多，并且其釉色、型制比较符合唐中早期的风格，与其他窑口的花瓷相比，型制规整、工艺精良，黑色底釉纯正、面/斑釉活泼，施釉方法及釉色种类多；而禹州、内乡窑址有很多黑釉带彩色斑块的瓷片，和唐代晚期的陶瓷风格相似。由此可知三者生产的时间前后有别，唐中早期是鲁山段店窑发展的鼎盛期，当时其生产的鲁山花瓷腰鼓成为"贡瓷"送到皇宫中，受到皇帝和大臣们的喜爱，于是带动了河南其他窑口的发展，逐渐形成了鲁山花瓷窑系。

　　除河南发现的这些烧制花釉瓷器的窑址外，在山西交城和陕西耀州窑也发现有烧制花釉瓷器的窑址，出土的花瓷虽与河南有许多相似之处，但也有一些差别。如出土于陕西省西安市东郊纺织城的耀州窑花瓷腰鼓，长65.8厘米，口径22厘米，腰鼓中间为圆柱，两头为喇叭口，施黑褐色釉，灰白色花斑，灰色胎，胎质坚硬；中间圆柱上有三条弦棱，两端口部各有一条弦棱。虽然与鲁山花瓷腰鼓相近，但造型略有差别，耀州窑花釉上斑点无流动感、较呆板，有刻意画成之感。另外，根据对耀州窑窑址考古研究，耀州窑的鼎盛时期是在唐末期至五代、宋代，时间上要晚于鲁山段店窑。山西交城窑址也发现了不少黑釉斑点腰鼓标本，但与河南鲁山段店、禹县下白峪窑出土的腰鼓标本相比，交城窑腰鼓形体较小，斑点有明显的笔痕，胎的颜色相对白一些。总之，从山西交城窑和陕西耀州窑出土花釉瓷器标本来看，无论在装饰手法和器型品类上，与河南出土的花釉瓷器有一定差距，花瓷并不是主要品种，而且技术上并不成熟[16]。

二、鲁山花瓷窑系的理化分析

　　2005年，山东省硅酸盐研究设计院总工程师刘凯民用现代科技手段，对河南省郏县黄道、鲁山段店和禹州下白峪窑址中出土的唐代花瓷釉化学组成、光学性质、显微和亚显微结构，同其乳光蓝色和窑变现象之间的关系进行了系统深入的研究，并用复型电子显微术发现了鲁山花瓷釉的液–液分相现象，以及其与钧瓷

[15]　赵青云. 近十年来河南陶瓷考古的新收获 [J]. 华夏考古, 1989（3）: 83.

[16]　朱宏秋，郭灿江. 斑斓多变的釉色——河南博物院藏花釉蒜头壶 [J]. 文物天地, 2015（3）: 56–59.

釉的乳光蓝色及窑变现象的联系[17]（见表8）。

表8　鲁山花瓷的化学组成和相关技术参数 [18]

编号	产地	SiO$_2$	Al$_2$O$_3$	Fe$_2$O$_3$	TiO$_2$	CaO	MgO	K$_2$O	Na$_2$O	吸水率（%）	烧成温度（℃）
TJH-1	郏县黄道窑	63.06	28.78	2.43	0.97	1.73	0.48	1.68	0. 31	3.9	1230
TLD-1	鲁山段店	62.63	28.8	2.7	1.14	1.77	0.58	1.73	0. 3	1.51	1250
TYX-1	禹州下白峪	62.85	28.77	2.65	1.08	1.62	0.6	1.7	0.33	1.75	
TYX-5	禹州下白峪	63.08	28.95	2.75	1.19	1.55	0.44	1.51	0.27		1270
下白峪	唐代窑址出土生泥料	57.8	25.8	2.18	0.87	1.55	0.44	1.51	0.27		

　　经分析发现，这三处窑址所采集的花瓷瓷片胎质和釉料化学成分基本一致，釉色显微结构均为液-液分相釉，分相液滴大都在60～100纳米的范围内，其釉色显微结果基本类似。由此认为："唐代花瓷的月白色高温釉及其在黑底釉上形成的乳光窑变蓝斑，是世界陶瓷史上有实物为证的第一个分相乳浊釉，继唐代之后，在以上窑区陆续烧制成功的柴窑、钧窑、汝窑的'雨过天青'等一系列的分相乳浊釉，都是在唐代花瓷的启示下发展演变出来的创新品种。"

　　虽然以上分析的唐代花瓷面釉出自三个不同的窑址，但所得到的实验结果非常接近，这一方面说明三地的唐代花瓷胎质、面釉、斑釉所用的原料和配方相同或接近，另一方面也说明这些分析结果误差不大，有较高的可信度。由此可以断

---

[17]　刘凯民，李洁，苗锡锦，等. 唐代花瓷釉的本质及其与后世分相乳浊釉的关系 [J]. 山东陶瓷，
　　　　2006（1）：7.

[18]　刘凯民，李洁，苗锡锦，等. 唐代花瓷釉的本质及其与后世分相乳浊釉的关系 [J]. 山东陶瓷，
　　　　2006（1）：7.

定，在唐代中后期，由于鲁山段店窑所烧制的花瓷腰鼓作为"贡瓷"进入皇宫，带动了周边窑场花瓷的生产，形成了以鲁山段店为中心，包含禹州下白峪、郏县黄道以及内乡、登封等地在内的花瓷窑系。此外，在陕西、山西等地的唐代瓷窑遗址中也发现有花瓷，可见花瓷在当时流行的范围相当广，烧造技术已经成熟，成为深受人们喜爱的产品，所以各地窑口竞相效仿。由此可见，任何一个窑场都不是孤立存在的，所烧制的产品或多或少都会有共同之处，这正是各窑口之间不断进行技术交流、相互影响的结果。

第三节 鲁山花瓷与钧瓷的关系

应该说，唐代较为著名的生产陶瓷的窑口是南方的越窑和北方的邢窑，主要以生产青瓷和白瓷为主，形成了"南青北白"的生产格局。然而采用乳浊釉、分相釉的原理烧造而成的唐代花瓷，改变了当时只有青、白单色釉瓷器的局面，在部分文献中被称"唐钧""黑唐钧"。唐代段店窑生产的鲁山花瓷与宋代钧瓷是否具有同一性质，二者有无传承关系，在陶瓷界一直是一个有争议的问题。

一、"唐钧"及其发展演变

鲁山花瓷属于高温窑变彩釉瓷，这种釉色的出现，标志着鲁山花瓷已脱出黑釉瓷，变身为新的瓷种——"唐钧"。最早提出"唐钧"的是清代陈浏所著的《陶雅》。唐代花瓷经高温烧制而呈现出灰蓝、乳白色的大块彩斑，或蓝白绿灰相间的流纹，因其釉色和早期钧釉的"蓝钧红斑"有相似之处，因此在清代文献中被称为"唐钧"，并为后世古陶瓷学者所援引，称为"黑唐钧"，国外学者称之为"黑钧"。

笔者认为，唐代花瓷是我国最早的高温窑变釉瓷，与宋代钧瓷红紫相映的窑

图 37 月白釉、天青釉、天蓝釉鲁山花瓷胎色

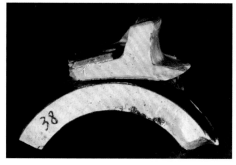

图 38 宋钧瓷和唐鲁山花瓷胎质对比（上为宋钧瓷下为唐鲁山花瓷）

变斑彩有许多相似之处。唐代鲁山花瓷的面/斑釉，与宋元钧瓷的青蓝色釉性质上是相同的，都属于液–液分相呈色的乳浊釉，二者的传承关系是显而易见的。中国科学院上海硅酸盐研究所对这种唐代花釉瓷器的结构化验分析也表明："瓷胎的化学组成和显微结构与（宋）钧瓷胎相近，但所用原料较软。[1]"

唐代鲁山花瓷与宋钧瓷从以下几个方面进行比较：

1. 鲁山花瓷外部造型、釉色（包括器型、纹路、施釉方法、胎质、胎色、釉质以及面/斑釉的釉色等）方面和宋元钧瓷接近或完全相同。

器型：唐代鲁山花瓷和宋元钧瓷具有共同特点，造型上粗犷豪放、饱满大气，装饰简练，以系、耳饰、弦纹为主要装饰；

胎色与胎质：唐代中晚期的鲁山花瓷用肉眼观察，其胎质为浅灰和深灰色，与宋元钧瓷香灰胎一致，釉色与早期的天青、天蓝釉钧瓷并无多大区别，说明唐代花瓷与钧瓷具有一定的传承关系。在段店窑花瓷残片中，虽然釉色一样，但其胎质颜色却有灰黄色、浅灰色、浅灰和深灰色并存（同一胎面中各占一半）及和钧瓷胎色相同的深灰色（见图37）。禹州市钧台窑、神垕刘家门及河南很多窑口出土的天青、天蓝以及带紫斑宋元钧瓷残片的胎断面也有灰黄色、浅灰色和深灰色等，与鲁山花瓷的胎质是一致的（见图38）。

面/斑釉的形状：宋元钧瓷的天青、天蓝、红紫色片斑釉的形状与唐代鲁山花瓷相同，说明其施釉方法沿袭了鲁山花瓷的工艺，即先施青蓝色底釉，再用含铜的釉浆刷、点、甩而成；

釉色、釉质和纹路：唐代晚期的鲁山花瓷基本釉色有月白、天青、天蓝，鲁

---

[1] 朱宏秋，郭灿江. 斑斓多变的釉色——河南博物院藏花釉蒜头壶 [J]. 文物天地，2015（3）：56.

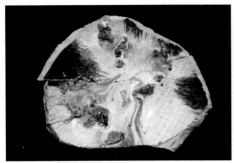

图 39 向钧瓷过渡的鲁山花瓷

山花瓷的面/斑釉具有厚重的釉面、玉润的质地、丝状流纹以及垂釉，是由于釉在高温窑炉内的流动，而使三种颜色混合形成的，和宋元钧瓷的代表性纹路形成原理也相同。

2. 从釉的属性看，鲁山花瓷和钧瓷釉色相同，均属于乳浊釉，不同之处仅仅在于唐代乳浊釉主要是以片状形式存在，而整体乳浊釉的器物偶尔为之，不占主流，而钧瓷则是整体施釉[2]。也就是说，花釉在唐代的黑釉器上发挥的是点缀作用，而到宋代则应用于整器，二者之间的传承关系是很直接的，到北宋演变为独立的瓷种——钧瓷。从分相釉的呈色原理分析，唐代花瓷与钧瓷月白、蓝色乳浊釉的成色与液相分离有关，产生深浅不等的蓝色，是釉中纳米级颗粒对入射光反射而形成，而不是金属氧化物的氧化、还原形成的色彩；而宋元钧瓷釉是在唐鲁山花瓷面/斑釉的基础上，加入着色剂铜，铜对氧化、还原气氛反应灵敏，受窑炉气氛影响而产生窑变，呈现出不同的釉色。但这和唐鲁山花瓷与钧瓷的传承关系并不矛盾（见图39）。

3. 从烧成气氛看，由于受条件的限制，唐代陶瓷烧制对烧成气氛控制并不太严格，烧成气氛会出现氧化气氛、弱还原气氛及还原气氛三种；而宋代对烧成气氛的控制已经比较成熟。不过，在复仿制鲁山唐代花瓷过程中发现在煤窑烧制时，同一种釉料和胎料，在氧化和还原气氛中烧制出的仿唐代花瓷，在釉面外观上是一致的，这说明烧制气氛与花瓷的釉色变化关系不大。

4. 从历史文献、科技文献相关记述看，钧窑起源离不开唐代花瓷工艺技术经验的积累。从工艺上看，唐鲁山花瓷和钧瓷的釉料成分和烧成制度不同，花瓷是用

---

[2] 李自涌. 关于《段店窑调查报告》的深度访谈 [J]. 东方收藏，2018（4）：49.

含铁、钛成分的色釉人为点釉，在氧化气氛中烧制而成，宋钧则是釉内含铁、铜两种成分，在还原气氛中自然形成。唐代鲁山花瓷的面/斑釉，与宋元钧瓷的青蓝色釉性质上是相同的，都属于液-液分相呈色的乳浊釉，二者的传承关系是显而易见的。从烧成气氛看，由于受条件的限制，唐代陶瓷烧制对烧成气氛控制并不太严格，烧成气氛会出现氧化气氛、弱还原气氛及还原气氛三种；而宋代对烧成气氛的控制已经比较成熟，钧瓷在后期的发展过程中，加入了铜为着色剂，因此高温烧制过程中，经过复杂的物理化学变化，出现了"千变万化"的色彩。

二、花瓷和钧瓷的传承关系

2005年，山东省硅酸盐研究设计院总工程师刘凯民用现代科技手段，对唐代花瓷釉的化学组成（见表9、表10、表11），同其乳光蓝色和窑变现象之间的关系进行了系统深入的研究，发现了鲁山花瓷釉的液-液分相现象，和其与钧瓷釉的乳光蓝色及窑变现象的联系。

首先，从本质上看，唐代花瓷釉和宋钧瓷釉都是具有相同化学组成特点和细分散的液滴状分相结构的分相乳浊釉，并不是截然不同的两类釉，其差别只是分相结构和乳光蓝色所用的工艺方法不同，而并非本质性的[3]。

其次，唐代花瓷月白色面釉及其在黑底釉上形成的乳光窑变蓝斑，是第一次烧制出分相乳浊釉。继唐钧之后，在同一窑区陆续烧制成功的柴窑、钧窑和汝窑等一系列分相乳浊釉，都是在唐钧的启示下发展出来的。

最后，唐代花瓷上的乳光蓝斑是后世蓝钧釉等分相乳浊釉的先导。在河南省古窑场中烧造的白釉器上，常以铜红斑作装饰，这种铜红斑偶尔受还原作用会变成铜绿斑，这一现象促使北宋早期或中期，以还原焰烧成的天青乳浊釉上紫红斑的出现，进而启发人们将少量制作铜绿斑的釉料掺入蓝钧釉中，从而发明了紫红中夹杂着乳光蓝色兔丝纹或蚯蚓走泥纹的钧瓷窑变釉[4]。

---

[3]　刘凯民，李洁，苗锡锦，等. 唐代花瓷釉的本质及其与后世分相乳浊釉的关系 [J]. 山东陶瓷，2006（1）：10.

[4]　刘凯民，李洁，苗锡锦，等. 唐代花瓷釉的本质及其与后世分相乳浊釉的关系 [J]. 山东陶瓷，2006（1）：10.

表9　唐代花瓷釉料的化学组成 [5]

编号	TJ1	TJ2	TJ4 腰鼓残片	TJ5
SiO_2	67.37	67.15	68.57	70.1
Al_2O_3	11.3	12.41	14.07	13.58
Fe_2O_3	2.21	3.89	4.82	5.06
TiO_2	0.42	0.76	0.95	0.67
CaO	11.44	9.23	5.71	5.42
MgO	1.03	1.87	1.80	1.73
K_2O	4.24	2.49	2.66	2.49
Na_2O	0.27	0.66	0.58	0.75
P_2O_5	1.85	1.96	1.01	0.01
MnO	0.12	0.14	0.1	0.09

表10　唐代花瓷胎的化学组成 [6]

编号	TJ1	TJ2	TJ3	TJ4 腰鼓残片	TJ5
SiO_2	67.55	62.67	67.46	31.37	64.5
Al_2O_3	24.25	28.99	23.74	31.37	28.17
Fe_2O_3	3.05	3.44	3.51	3.57	2.86
TiO_2	0.94	1.05	1.17	0.9	1.15
CaO	0.8	1.19	0.8	1.98	1.04
MgO	0.6	0.37	0.6	0.39	0.36
K_2O	2.18	1.67	2.28	1.51	1.40
Na_2O	0.14	0.2	0.25	0.18	0.17
MnO	0.03	0.04	0.03	0.03	0.02

[5] 李家治. 中国科学技术史·陶瓷卷 [M]. 北京：科学出版社，1998：424.

[6] 李家治. 中国科学技术史·陶瓷卷 [M]. 北京：科学出版社，1998：424.

表11　鲁山花瓷黑底釉和月白面釉的化学组成 [7]

编号	TYX-1	TYX-1	TYX-2	TYX-3	TYX-4	TJH-1	TLD-1	钧台窑出土黑药渣
名称	黑底釉	月白面釉	月白面釉	月白面釉	月白面釉	月白面釉	月白面釉	
SiO_2	67.9	62.4	62.2	62.5	62.57	61.8	62.58	77.2
Al_2O_3	12.7	8.01	8.11	8.12	8.08	8.04	8.2	9.07
Fe_2O_3	4.74	2.48	2.38	2.19	2.35	2.21	2.55	3.61
TiO_2	0.8	0.68	0.6	0.62	0.63	0.5	0.46	0. 64
CaO	6.41	19.2	19	18.7	18.97	19.12	18.21	1.69
MgO	1.53	1.66	1.82	1.68	1.72	1.6	1.5	1.65
K_2O	3.70	2.83	2.82	2.85	2.83	3.87	3.60	2.16
Na_2O	1.26	0.08	1.14	1.34	1.09	1.42	1.4	1.7
P_2O_5	0.23	0.87	0.89	0.83	0.86	0.88	0.83	
MnO	0.09	0.37	0.37	0.33	0.35			
SO_3	0.32	0.37	0.37	0.34				
Cl	0.17	0.32	0.32	0.34				
总量	99.79	99.79	99.61	100.02	99.81	99.44	99.33	100.43

　　与宋代钧瓷相比，唐代花瓷胎略为粗糙，原料质量也稍差。除含Fe_2O_3略高外，根据唐代花瓷和宋、元钧的胎式图，可以知道它们位于宋元钧瓷胎的区域[8]。钧釉与一般的釉的最大区别在于，它是一种典型的二液分相釉，是属于高硅低铝富磷玻璃相，釉中磷、钛、铁、钙含量较高，这是钧窑釉液相分离产生微气泡和艺术美感的主要原因。唐代鲁山花瓷的乳光斑和乳浊釉具有不混融性的特征，其液相分离结构的出现，比宋钧釉早一个朝代，但在物理化学上则同属$K_2O—Na_2O—CaO—MgO—Al_2O_3—SiO_2$系统[9]。

　　通过上述分析可以看出，花瓷采用高温黏度较低的乳浊釉为面釉，以黑、褐

[7] 刘凯民，李洁，苗锡锦，等. 唐代花瓷釉的本质及其与后世分相乳浊釉的关系 [J]. 山东陶瓷，2006（1）：8.

[8] 陈显求，黄瑞福，陈士萍，等. 宋、元钧瓷的中间层、乳光和呈色问题 [J]. 硅酸盐学报，1983（2）：129 — 140.

[9] 陈显求，黄瑞福，陈士萍. 唐代花瓷的结构分析研究 [J]. 硅酸盐通报，1987（2）：6-11.

色釉作为底釉，面釉或淋、或洒、或涂、或滴、或浇而施加于底釉，在黑、褐色的底釉上形成流淌生动的自然纹理。这种花釉在唐代花瓷上发挥的是点缀作用，而到宋代，将唐代起"点缀"作用的釉料应用于整器。而从液相中应该可以看到此间的传承关系是很直接的，唐代花瓷不能直接说是钧瓷，但可以说，唐代花瓷具备了钧瓷的初级形态，可谓是"钧瓷启蒙期"[10]。实际上，钧瓷从唐钧到宋钧的过程，无论是釉质呈色、化学成分、烧造技艺还是形制，其继承关系都是显而易见的，符合陶瓷艺术发展演变的自然规律[11]。

综上所述，从唐代鲁山花瓷过渡到宋代钧瓷，其发展演进的脉络清晰，可以说，钧瓷是在唐代鲁山花瓷技术的启迪、传承下不断完善的结果。对唐代花瓷和钧瓷的传承关系，陶瓷专家和学者们的认识也基本一致：

冯先铭认为二者具有传承关系："20世纪60年代以后，故宫博物院调查河南郏县黄道窑时，发现了唐代窑变花釉标本，嗣后在调查窑址时又陆续在禹县下白峪、郏县黄道及禹县赵家等地发现了四处唐代窑址，均发现了窑变花釉和饰以斑点的标本。鲁山段店及禹县下白峪两处，均采集到与故宫博物院所藏黑釉斑点拍鼓相同的拍鼓残片。五处唐代窑址发现后，初步判明了钧窑创于唐，并看到窑变花釉与斑点装饰对宋钧窑的影响。[12]"

赵青云认为二者之间有一定的联系性："唐钧器物……施釉方法大多是在较深或较浅的底釉上，饰以与之色彩对比强烈的另一种彩色斑块。这种利用不同金属氧化物成色不同的原理，成功地掌握了两色釉技术，形成唐钧独特的艺术风格。唐钧在陶瓷装饰领域中的成功探索，突破了唐代以前陶瓷生产中'南青北白'的单调格局，使陶瓷的制作逐渐向多彩化装饰方面发展。钧瓷在北宋成为中国五大名窑之一，也是与唐钧的这一成果分不开的。[13]"

王洪伟也认同这一观点："神垕唐代花瓷区的下白峪村，地处大刘山下、清龙河之滨，瓷土、釉料储量极其丰富……且唐、宋、金元时连续烧制，产品质精釉美，是古代方圆一带民窑的中心。神垕古代陶瓷匠师很可能在唐代花瓷工艺

[10] 叶剑秀. 鲁山文史系列之七——探寻鲁山花瓷 [J]. 协商论坛，2018（1）：47.

[11] 黄云. 唐代花瓷及其与钧瓷的历史关联——基于一种文献学的考察 [J]. 许昌学报，2014（4）：33.

[12] 冯先铭. 有关钧窑诸问题 [A]. // 河南省文物研究所. 河南钧瓷汝瓷与三彩 [M]. 北京：紫禁城出版社，1987.

[13] 赵青云. 钧窑 [M]. 上海：文汇出版社，2001.

的基础上，经过潜心研究，利用当地原料，在青釉中加入少量铜质，在还原气氛下，成功地烧制成高温窑变钧红釉，成为钧窑的发祥地。[14]"

任志录认为："花釉与钧釉存在着相同和不同的地方。相同之处就是均为乳浊釉。不同之处在于，唐代乳浊釉主要是以片状形式，在其他釉色上作为装饰釉色出现，而整体乳浊釉的器物不占主流。但唐代乳浊釉装饰技法之一的整体施釉，实际上已经不是花瓷，而是完全的乳浊釉，即与后来的钧釉相同，所以河南本地一部分人将其称为"唐钧"。而且这种乳浊釉本身的质地和外观，确实是钧釉的早期形式。[15]"

也有专家认为，将唐代花釉瓷等同于钧瓷，视作钧瓷的前期产品有些牵强。从唐代花釉瓷和习惯上认可的钧瓷实物看，其型制、胎质、釉质及呈色都有很大区别，不具共同性。在制作工艺上也不具"继承性"。另外，"钧瓷的多次挂釉、底刷酱色护胎汁等做法也不见于唐代花釉瓷""说唐代花釉瓷对钧瓷有间接影响是可以的，而将唐钧视为钧瓷的前期产品不合事实"。因此，唐代花釉瓷与钧瓷并无直接渊源关系，应该属于另一系统的瓷器品种。

---

[14] 王洪伟. 传统文化隐喻：神垕钧瓷历史变迁的社会学考察 [D]. 华中师范大学，2009.

[15] 李自涌. 关于《段店窑调查报告》的深度访谈 [J]. 东方收藏，2018（4）：49.

第六章

鲁山花瓷的代表

第一节　代表器型：花瓷腰鼓

一、唐代羯鼓和腰鼓

远古时期，鼓被尊奉为通天的神器，作为祭祀、狩猎征战中的器具被广泛应用。殷墟甲骨文的"鼓"字作"𣀔"形，"𣀔"左边像鼓形，左上像鼓饰，中像有纹路的鼓面，下像鼓架；"𣀔"右边像人持鼓槌之形，形象地表达了鼓的性质。"壴"是"鼓"的本字。壴，甲骨文在"鼓"的上面和两侧各有一只手（"又"的简化），表示以掌击鼓。造字的本义是众人以掌击鼓，有的甲骨文省去左右两只手。

> 文言版《说文解字》：鼓，郭也。春分之音，万物郭皮甲而出，故谓之鼓。从壴，支象其手击之也。《周礼》六鼓：灵鼓八面，灵鼓六面，路鼓四面，鼖鼓、皋鼓、晋鼓皆两面。凡鼓之属皆从鼓。

> 白话版《说文解字》：鼓，用皮包廓蒙覆的乐器。鼓是春分时节的音乐，万物包廓着皮壳而出，所以叫作"鼓"。字形采用"壴"作边旁，字形右边的"支"，像手持椎棒击鼓的样子。《周礼》说鼓分六种：雷鼓有八面，灵鼓有六面，路鼓有四面，鼖鼓、皋鼓、晋鼓都只有两面。所有与鼓相关的字，都采用"鼓"作边旁。

鼓作为乐器，从周代始有八音，记载有30多种，为"群音之首"。《荀子》《尔雅》对鼓的功能皆有释解。鼓由鼓腔、鼓皮构成共鸣，鼓腔大、鼓皮好，就鸣点高、范围广，鼓腔材质有陶（瓦）、木、皮、瓷、铜等[1]。唐玄宗和宰相宋

---

[1] 许满贵. 唐代花瓷腰鼓释考赏析 [J]. 东方收藏，2012（11）：58–59.

璟在谈论关于鼓的质量时提到了制作鼓腔的材料："不是青州石末，即是鲁山花瓷"，这句话说明：首先，鲁山花瓷做鼓腔较好；其次，这种花瓷产自鲁山；最后，鲁山花瓷制作的鼓腔已作为贡品选入唐宫，并得到了玄宗皇帝及大臣们的赞誉。否则，身为日理万机的当朝皇帝和宰相，哪能知道这种瓷的名称和产地呢？《羯鼓录》记载宰相宋璟与唐玄宗论羯鼓时还谈道"且臡用石末花瓷"。"臡"即鼓腔的意思，明确说明了鼓腔就是用花瓷为材料制作的。

《羯鼓录》是南卓任洛阳令时，在白居易、刘禹锡的建议下撰写的，于唐宣宗大中四年成书，为当时人说当时事。况且，洛阳为唐朝东都，距鲁山很近，南卓作为洛阳令，其准确性毋庸置疑。在元、明、清的文献中，也提到腰鼓、羯鼓和鲁山花瓷，进一步证明了腰鼓、羯鼓和鲁山花瓷的关系。北京故宫博物院收藏的清宫旧藏传世花瓷腰鼓却一直不明其产地，直到20世纪70年代末，李辉柄、李知宴在鲁山调查古窑址时，发现鲁山段店窑出土的花瓷腰鼓残片与故宫所藏的花瓷腰鼓的型、胎、釉和纹饰完全一样，从而断定《羯鼓录》中记载的腰鼓和清宫旧藏的腰鼓均出自鲁山段店窑，后来的考古进一步证实了以上论断。至此，花瓷腰鼓的产地终于解决。

其实，从古籍记载中可以明确看出，羯鼓和腰鼓是两种完全不同的鼓。唐宋文献表明，羯鼓是两面蒙皮，呈圆柱体状，放于平地或鼓床上，用两只鼓杖同击或杖、手并用击拍；腰鼓又称拍鼓，为两头粗、中间细，两端蒙革的细腰形鼓，横置于鼓架上，右手持杖击，左手直接拍打。

腰鼓是唐代对中间细、两端粗鼓形的统称（包括正鼓、和鼓、都昙鼓、毛员鼓、拍鼓），也称拍鼓、杖鼓，有捶击、拍击、混合击三种演奏方式。唐代杜佑[2]在《通典》中最先描述腰鼓的形状和质地："近代有腰鼓，大者瓦，小者木，皆广首而纤腹，本胡乐也。[3]"《旧唐书·音乐志二》卷二十九也有同样的叙述。《文献通考·乐考九》："打击乐器名。亦名腰鼓。汉魏时用之，大者用瓦制，小者用木制。鼓首大而腰细，故名"。表明腰鼓制作的材料是陶或者瓷（汉唐时有文献把陶和瓷器统称为瓦器）制作的，其形状是中间细、两头粗的细腰形。

---

[2]　杜佑在唐德宗和唐宪宗时（780—820 年）曾两度为宰相，对当时乐器的描述应该是准确的。

[3]　[唐]杜佑. 通典·乐四 [M]. 北京：中华书局，1984.

图 40 河南巩县北魏石窟浮雕，左边羯鼓，右边腰鼓

羯鼓作为腰鼓的一种，是盛唐时由西域羯族小月氏人传入中原的打击乐器，之后创出陶瓷制品，基本特征是圆柱细腰，两端蒙革，需要以杖击之，在唐代音乐中位居"八音之领袖"。羯鼓的形制有三种：其一为鼓腔较鼓面稍长者，两端鼓皮用细绳张紧，双手持鼓槌击奏；其二为鼓腔两端较为粗广（即壁画、文献中的腰鼓类），鼓皮用钉固定，左手拍击，右手持鼓槌敲击；其三鼓腔两端略细（与现代腰鼓形制相同），鼓皮用钉固定，两手持鼓槌敲击[4]。羯鼓可捶击、拍击、混合击，能演奏长腔、短腔、斜腔、细腰腔、高脚五种韵律。杜佑《通典》卷一百四十四载："羯鼓，正如漆桶，两头俱击，以出羯中，故称羯鼓。亦谓之两杖鼓"[5]。《旧唐书》卷二十九音乐志载："羯鼓，正如漆桶，两手俱击"。说明羯鼓是捶击乐器。

由此可见，腰鼓的形制是广首纤腹的细腰型，击鼓方式是手拍与杖击结合；羯鼓的形式是直筒型，击鼓方式是两头用杖击打。从图40可以看出二者的区别。

鼓乃汉族乐器，唐融汇四夷之长，兼收并蓄，发展了鼓乐。腰鼓最初是一种木质的打击乐器，到了隋唐时期，开始成为宫廷乐器，是唐代流行的乐器之一，由于制瓷业的蓬勃发展，因而唐代出现了大量陶瓷烧制的腰鼓，因为瓷质鼓声更

---

[4] 许满贵. 唐代花瓷腰鼓释考赏析 [J]. 东方收藏，2012（11）：58-59.

[5] [唐] 杜佑. 通典 [M]. 北京：中华书局，1984.

加清脆响亮，于是鼓腔渐渐由木质变为陶瓷。在唐代，花瓷、三彩并用。段店窑址中发现的花瓷腰鼓分为大、中、小不同的型号，印证了史料的记载。唐玄宗李隆基精通音乐，嗜击鼓，尤爱鲁山花瓷腰鼓，鲁山花瓷因被唐玄宗赞誉而名扬天下[6]。

隋唐时期，腰鼓广泛流传于北方各少数民族地区，在我国现存的隋唐时期石窟中，与腰鼓有关的图像内容就有很多。云冈石窟各窟石像造型中共见70余件，绝大多数乐队组合中都使用腰鼓，它们在构造上有差异，称谓亦不尽相同，但在乐队中都起着重要的作用。龙门石窟现存音乐洞窟共21个，现存大小不同的乐队34组，全龙门石窟现能辨认的乐器有176件。据龙门石窟的统计可知，腰鼓在北朝的洛阳已普遍流行，至唐代则极为流行，几乎所有的乐队中都有腰鼓出现，有时一个乐队里可见两个腰鼓。从龙门石窟腰鼓的演奏形象来看，此种鼓横放腹前，用双手拍击。腰鼓是盛唐文化交流与繁荣的体现，盛极一时，直至宋代，陶瓷腰鼓在许多窑口都有烧制，可见影响深远。

二、花瓷腰鼓的制作

花瓷腰鼓始于唐开元、天宝年间，宫廷演奏中使用花瓷腰鼓，唐玄宗与宰相宋璟认为，腰鼓"不是青州石末，即是鲁山花瓷"。虽青州石末鼓至今不见踪影，但鲁山花瓷腰鼓却得以流传[7]。鲁山花瓷腰鼓的造型特点为圆形中空，两端大，中间为"细蜂腰"。唐代鲁山花瓷腰鼓全部为拉坯成型，内壁多留有拉坯成型时的手纹；有一次拉坯成型和分上下两段拉坯粘接成型两种方法。

满窑方法多为单件装烧，烧制时为防止底端收缩变形，底端垫有高铝垫饼；部分产品采用摞烧工艺，即把两个大小一致的腰鼓底端对齐，摞放入匣钵或直接入窑烧制。

腰鼓多数为二次烧成，即先将泥坯经低温焙烧，然后再蘸釉后装入匣钵，入窑高温烧制而成。少量试烧产品为泥坯直接蘸釉后一次烧成，这类产品釉面多出现釉泡、针眼等瑕疵。

---

[6] 任志录. 从鲁山花瓷看关于腰鼓的几个问题 [J]. 东方收藏，2018（4）：15-26.

[7] 姚会涛. 瓷之祖——鲁山花瓷 [J]. 雪莲，2016（11）.

图 41 腰鼓口沿胎质比较

图 42 腰鼓口沿胎质颜色

图 43 深灰色胎质，深灰和浅灰胎质同时
出现

图 44 花瓷腰鼓，口径 16.3 厘米，腰径
9.4 厘米，高 46.8 厘米，7 道弦纹

　　胎质腰鼓呈浅灰色，边缘处可见到棕红色烧痕（火石红）和摞烧的痕迹（见图41、图42）。

　　从一些腰鼓断面看，胎质有灰黄、浅灰、深灰和浅灰、深灰同时出现等多种：

　　灰黄色胎质多出现于生烧或唐代初期烧制的腰鼓上，胎质颗粒疏松，出现有较大的气孔（气孔大小0.5厘米左右）和类似于细沙粒的物体，敲击时声音低沉，似陶器；

　　浅灰色胎质较为普遍，胎质致密，少量有小气孔（气孔大小0.1厘米左右），敲击时声音清脆，为高温陶瓷；

　　深灰色胎质细腻、坚实致密，敲击时有金属声，属高档瓷器；

　　浅灰与深灰同时出现的胎质有两种形式，一种是出现在腰鼓两端处的左右两侧，一侧为浅灰、另一侧为深灰；另一种为同一断面上的胎质颜色有浅灰和深灰两色，界限较为明显，呈分层状，两色比例相同或一少一多（见图43）。分析其形成原因，可能是由于两端直径较大，烧制时两侧的温度和气氛不同而形成的。

　　腰鼓内外壁施釉，内壁施黑色底釉，大部分外壁施乳白蓝斑面/斑釉，两端口沿处无釉（施釉后入窑烧制时刮去）（见图44）。

研究鲁山花瓷腰鼓残片标本，腰鼓的内外壁均有完整的釉面，底釉有黑色、茶叶末色、酱褐色三种。

黑色底釉：黑色底釉是各种形制中使用最多的釉色，色彩漆黑，釉质玉润。胎比较厚，最厚处1.4厘米，最薄处0.4厘米，平均胎厚0.9厘米；釉也比较厚，底釉厚度一般在0.03厘米左右，弦纹凹处较厚，约0.05厘米；面釉一般厚度为0.1厘米。也有浅黑色和黑褐色。黑釉腰鼓在段店窑有一定的产量，其釉质细腻纯净，工艺精良，属段店窑腰鼓的上乘之作。笔者分析，黑地乳白蓝斑腰鼓进入宫廷之后受到好评，于是在民间也受到追捧，黑釉腰鼓的生产一方面是为了与宫廷贡品有所区别，另一方面是由于黑底乳白蓝斑腰鼓工艺细致，成品率低，产量有限，为了满足民间需求，才烧制出黑釉腰鼓。

茶叶末色底釉：不常见。黑褐中有微小绿色斑点，似绿茶叶末色，釉面呈亚光，可能是烧成温度较低，斑釉釉面熔融不够充分所致，是研究唐代施釉工艺的重要物证。胎最厚处1.15厘米，最薄处0.5厘米，平均厚0.7~0.9厘米；底釉较薄，一般0.01~0.02厘米，偶见蚯蚓走泥纹；斑釉厚，最厚处0.15厘米，最薄处0.05厘米，颜色为灰白色，釉面凸起，固定无流动，有微量釉泡。釉薄处能明显

图 45 黑釉、茶叶末釉、蚯蚓走泥纹

看出施釉时用硬毛刷的刷痕。

酱褐色底釉：为均匀的酱色，或者酱色中泛有黑点，不常见。胎最厚1.1厘米，最薄处0.7厘米；底釉较薄，一般0.01～0.03厘米；斑釉最厚处0.12厘米，最薄处0.05厘米（见图45）。

腰鼓面/斑釉基本为乳白蓝斑釉面。笔者通过实验分析发现，根据釉层分相中固化液滴直径的大小，其色彩应依次表现为月白、天青、天蓝，但由于釉的流动、釉中的杂质以及受深色底釉的影响，实际面釉的色彩以月白、乳白、灰白、天青、天蓝、灰蓝为主，其他颜色会偶尔夹杂其中，但多数为斑上釉厚处为乳白色或月白色，釉薄处为蓝色（见图46）。真正质量上乘的鲁山花瓷腰鼓，底面釉结合紧密，质地玉润，厚釉处均有开片，爆花釉及薄釉处开片不太明显，可见到蚯蚓走泥纹。面/斑釉平均厚度0.07厘米，最厚（积釉处）0.12厘米，最薄0.05厘米。唐代鲁山花瓷腰鼓的施斑方法，采用特制的施斑麻刷或施釉器，通过刷、甩、画等施釉技巧，产生绳纹斑、块斑、点斑等效果。斑釉的形状有固定、爆花、流动等（见图47）。

段店古瓷窑址面积很大，但出土唐代腰鼓标本的地方只有现段店村中心偏

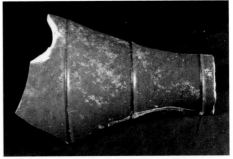

图 46 乳白、月白天蓝面/斑釉

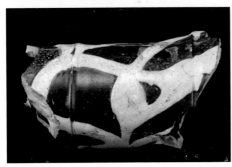

图 47 腰鼓固定斑、爆花斑

南的极小部分区域。通过分析出土的器物标本，发现唐代花瓷腰鼓的产量极为稀少，在段店窑址出土大量（万片之多）黑地乳白蓝斑腰鼓瓷片，有些可拼接为整器，但完整器物很少。

三、唐代花瓷腰鼓流行

隋唐时期的社会稳定与经济繁荣为唐代音乐文化的快速发展奠定了基础，统治者在宗教、文化、艺术方面采取兼容并蓄的政策，对东西方各国的音乐文化和国内各少数民族的民间音乐加以广泛的吸收和发扬。作为唐代国都的长安则成为音乐文化交流的集中地，唐太宗时期，宫廷乐部对外来音乐进行了整理，在宫廷中设立了《燕乐》《清商乐》《西凉乐》《龟兹乐》《疏勒乐》《康国乐》《安国乐》《扶南乐》《高丽乐》等"九部乐"，贞观十六年（642年），又增入高昌一部，改为"十部乐"。十部乐成为涵盖皇宫、国家事务的宴飨乐舞。其中，《西凉乐》《龟兹乐》《疏勒乐》《高昌乐》《高丽乐》等，都有腰鼓参与演奏。

《旧唐书·音乐志》载：

《天竺乐》：……乐用铜鼓、羯鼓、毛员鼓、都昙鼓、觱篥、横笛、凤首箜篌、琵琶、铜钹、贝。

《高昌乐》：……乐用答腊鼓一，腰鼓一，鸡娄鼓一，羯鼓一，箫二，横笛二，筚篥二，琵琶二，五弦琵琶二，铜角一，箜篌一。

《龟兹乐》：……乐用竖箜篌一，琵琶一，五弦琵琶一，笙一，横笛一，箫一，觱篥一，毛员鼓一，都昙鼓一，答腊鼓一，腰鼓一，羯鼓一，鸡娄鼓一，铜钹一，贝一。

《疏勒乐》：……乐用竖箜篌、琵琶、五弦琵琶、横笛、箫、觱篥、答腊鼓、腰鼓、羯鼓、鸡娄鼓。

《新唐书·礼乐志》载：

《天竺伎》：有铜鼓、羯鼓、都昙鼓、毛员鼓、觱篥、横笛、凤首箜篌、琵琶、五弦、贝，铜钹二，舞者二人。

《龟兹伎》：有弹筝、竖箜篌、琵琶、五弦、横笛、笙、箫、觱篥、毛员鼓、都昙鼓、答腊鼓、侯提鼓、鸡娄鼓、腰鼓、齐鼓、檐鼓、贝，皆一；

铜钹二。舞者四人。

《疏勒伎》：有竖箜篌、琵琶、五弦、箫、横笛、觱篥、答腊鼓、羯鼓、侯提鼓、腰鼓、鸡娄鼓皆一；舞者二人。

及平高昌，收其乐。有竖箜篌、铜角一，琵琶、五弦、横笛、箫、觱篥、答腊鼓、腰鼓、鸡娄鼓、羯鼓，皆二人。

由此可见，鼓在唐代十部乐中占据着非常重要的位置，这也印证了《羯鼓录》的记载。其中腰鼓使用最多，其次是羯鼓。随着唐代社会繁荣昌盛与经济、文化的发展，制瓷手工业在全国蓬勃兴起，制瓷工艺技术与造型装饰艺术不断创新和提高，陶瓷器在社会各阶层人们的日常生活中广泛应用，并通过"丝绸之路"广销国外。音乐的飞速发展使人们对音乐理论有了进一步的认识，对乐器音色的多样化也有了新的要求，因此，制作出质地细腻、音色清亮的瓷鼓就成为当时音乐发展的需要。瓷质腰鼓主要盛行于唐宋时期，唐代最为鼎盛，宋代以后便销声匿迹。唐代的瓷腰鼓器型和纹饰大多和鲁山花瓷腰鼓相似，属于杯底对合状，两头中通对称，饰以大片彩斑，庄重大气，烧制与使用区域多集中于北方。唐代晚期至宋代，瓷腰鼓烧制与使用区域逐渐南移，器型与纹饰也发生了一定的变化，如鼓腔两头不对称，一头呈球形，一头呈喇叭形，腰部较长等。

花瓷腰鼓在唐代非常盛行，但多用于宫廷音乐，唐王朝崇尚胡风，把民间小调、西域音声、道调佛曲融入宫廷音乐之中，强化了雅乐的娱乐作用，削弱了雅乐的政治功效，因此唐代音乐呈现出多元并陈的繁荣。晚唐至宋代以来，花瓷腰鼓逐渐南移，并走进民间。北宋时期，腰鼓已经传播至民间，多为花釉和装饰陶瓷。北宋计有功在《唐诗纪事》中记载了唐代诗人欧阳迥在看到农民在炎炎烈日下耕田，敲击腰鼓解除疲劳，期望天翁降甘霖时写下："农舍田头鼓，王孙筵上鼓；击鼓兮皆为鼓，一何乐兮一何苦！上有烈日，下有焦土，愿我天翁，降之以雨。"由此看出，腰鼓与人们的劳动、生活关系非常密切。腰鼓还可以用于驱鬼、逐疫、震妖、节日庆祝等活动。腰鼓在唐宋元明清时期被宫廷和民间广为使用，与当地的地方音乐进行融合，演变成为非常具有民族特点的传统乐器（见表12）。

表 12　历代文献中关于腰鼓的记载

朝代	使用范围	文献记载
唐代	在宫廷和民间广泛使用	《旧唐书·音乐志》 《天竺乐》：……乐用铜鼓、羯鼓、毛员鼓、都昙鼓、觱篥、横笛、凤首箜篌、琵琶、铜钹、贝。 《高昌乐》：……乐用答腊鼓一，腰鼓一，鸡娄鼓一，羯鼓一，箫二，横笛二，觱篥二，琵琶二，五弦琵琶二，铜角一，箜篌一。 《龟兹乐》：……乐用竖箜篌一，琵琶一，五弦琵琶一，笙一，横笛一，箫一，觱篥一，毛员鼓一，都昙鼓一，答腊鼓一，腰鼓一，羯鼓一，鸡娄鼓一，铜钹一，贝一。 《疏勒乐》：……乐用竖箜篌、琵琶、五弦琵琶、横笛、箫、觱篥、答腊鼓、腰鼓、羯鼓、鸡娄鼓。 《新唐书·礼乐志》 《天竺伎》：有铜鼓、羯鼓、都昙鼓、毛员鼓、觱篥、横笛、凤首箜篌、琵琶、五弦、贝，铜钹二，舞者二人。 《龟兹伎》：有弹筝、竖箜篌、琵琶、五弦、横笛、笙、箫、觱篥、毛员鼓、都昙鼓、答腊鼓、侯提鼓、鸡娄鼓、腰鼓、齐鼓、檐鼓、贝皆一；铜钹二。舞者四人。 《疏勒伎》：有竖箜篌、琵琶、五弦、箫、横笛、觱篥、答腊鼓、羯鼓、侯提鼓、腰鼓、鸡娄鼓皆一；舞者二人。及平高昌，收其乐。有竖箜篌、铜角一，琵琶、五弦、横笛、箫、觱篥、答腊鼓、腰鼓、鸡娄鼓、羯鼓，皆二人。
宋代	北宋和南宋腰鼓在宫廷乐曲仍然使用	《宋史·卷一百四十二·志第九十五》记载：龟兹部，其曲二，皆双调，一曰《宇宙清》，二曰《感皇恩》。乐用觱篥、笛、羯鼓、腰鼓、揩鼓、鸡楼鼓、𪑝鼓、拍板。鼓笛部，乐用三色笛、杖鼓、拍板。
	两宋时代腰鼓在军乐中也有使用	《太白阴经》卷五：随莚乐例：大鼓、杖鼓、腰鼓、舞剑、浑脱、角抵、笛、拍板、破阵乐、投石、拔拒、蹙鞠。 《武编》前卷六：随莚乐例，大鼓、杖鼓、腰鼓、笛、板，破阵乐舞，剑，角抵，投石枝柜。
	两宋时代腰鼓在民间广泛使用	《荆楚岁时记》：十二月八日为腊日，谚曰"蜡鼓鸣，春草生。"村人并击腰鼓，戴胡头，及作金刚力士以逐疫。 《苏轼集卷四·正月九日有美堂饮醉归径睡五鼓方醒不复能眠》：众人事纷扰，志士独悄悄。何异琵琶弦，常遭腰鼓闹。 《苏轼集·卷七·惜花》：前年赏花真盛哉，道人劝我清明来。腰鼓百面如春雷，打彻凉州花自开。 北宋李弥逊《水调歌头》：酒酣喝月，腰鼓百面打凉州。 梅尧臣《宛陵诗抄·莫登楼》：腰鼓百面红臂韝，先打么后梁州。

续表

朝代	使用范围	文献记载
宋代	两宋时代腰鼓在民间广泛使用	沈辽《踏盘曲》：社中饮食不要钱，乐神打起长腰鼓。杨万里《过磨盘得风挂帆》：全番长笛横腰鼓，一曲春风出塞声。
宋代	宋代腰鼓还用于丧礼乐曲中	秦观《雷阳书事》：一笛一腰鼓，鸣声甚悲凉。借问此何为，居人朝送殇。出郭披莽苍，磨刀向猪羊。何须作佳事，鬼去百无殃。
辽代	辽代腰鼓继续使用于宫廷乐曲和官府乐曲	《辽史》卷五十四：散乐器：篥、箫、笛、笙、琵琶、五弦、箜篌、筝、方响、杖鼓、第二鼓、第三鼓、腰鼓、大鼓、拍板。《三朝北盟会编》卷二十：第二十八程至咸州，未至州一里许有幕屋数间，供帐略备。州守出迎礼仪如制。就坐，乐作，有腰鼓、芦管、笛、琵琶、方响、筝笙、箜篌、大鼓、拍板、曲调，与中朝一同，但腰鼓下手太阔，声遂下而管瑟声高，韵多不合，每拍声后继一小声。
金代	金代腰鼓在民间的使用	王寂《题左阁使琼花后士像》：空烦腰鼓揭春雷，打彻凉州殊不顾。王庭筠《舍利塔》：石排方面蒇石段，铁锢瘦中腰鼓样。功夫精密业长久，位置尊严气高张。元德明《观柘枝伎》：腰鼓声乾揭画梁，彩云擎出柘枝娘。元好问《江城子·赋芍药扬州红》：花到扬州佳丽种，金作屋，玉为阶。门前腰鼓揭春雷。倚妆台。
元代	元代继续使用腰鼓	白朴《风入松·咏红梅将橙子皮作酒杯》：腰鼓揭春雷，更将红酒浇浓艳，风流梦，不负花魁。
明代	明代在宫廷乐曲中继续使用腰鼓	《明史·志·卷三十七》：大宴。洪武元年定殿内侑食乐：……四夷舞乐：腰鼓二，琵琶二，胡琴二，箜篌二，头管二，羌笛二，闉二，水盏一，板一。《明会要》：土之属：埙，水盏，腰鼓。
明代	明代民间继续使用腰鼓	明宣宗皇帝《喜雪歌》：村村腰鼓聚宴饮，庶几时平今见之。
清代	清代腰鼓继续在宫廷乐器中存在	《清史稿·志七十六·乐八》：花匡鼓，即腰鼓，木匡冒革，面径一尺五寸二分，匡高一尺六寸，绘花文。座以檀，四柱交趺，以铜镮悬鼓而击之。
清代	清代腰鼓继续在宫廷乐器中存在	徐珂《清稗类钞·廉俭类》：康熙时期：至耕耤之乐，不同他典，所用有腰鼓、拍板，所歌皆御制禾词，每歌一句，偃旗一次，上四推毕，诸王及诸臣始耕。
清代	清代腰鼓在边远地区的少数民族继续使用	广东西部的少数民族使用腰鼓：盖八番徙自粤西，犹故俗也……燕会，则击腰鼓为乐。

不过，宋代以后，政治结构发生了明显的变化，贵族政治没落，文学艺术向着平民化、世俗化与普及化发展。为了巩固皇权，宋朝君臣曾六次修改雅乐，并谨守先王之言，严斥胡夷音声，充分发挥雅乐的政治功能，但却忽视其艺术性，这使宫廷音乐逐渐走向衰落。盛行于唐代宫廷的唐代花瓷腰鼓，经历这样的时代变革后，逐渐消失在历史的长河中。

第二节　代表釉色：褐地乳白蓝斑釉

一、理化分析[1]

　　笔者在鲁山段店瓷窑遗址采集到大量的花瓷标本，器型主要有腰鼓、水注、缸、罐等，其中以腰鼓瓷片最多，大约有一千多枚。这些花瓷通体深色底釉，以褐色底釉居多，黑色底釉次之，其他颜色底釉偶尔见之；斑釉有褐地乳白蓝斑釉、黑地乳白蓝斑釉、黄地乳白蓝斑釉、白地黑斑釉等。褐地乳白蓝斑釉是其中最常见的一种，这种釉上彩斑点是用与底色不同的釉料随意洒刷上的，有的纹样作有规则的排列，有的纹样不定型，烧成后自然流淌、变幻多端。（见图48、图49、图50）

　　总之，褐地乳白蓝斑釉花瓷器物的特点有：

　　（1）以釉层肥厚区别于当时的青瓷、白瓷和黑瓷，常有釉泪、釉痕、釉淌等凹凸现象，以"厚"著称。

　　（2）造型大多以丰润、圆满、浑实、庄重的风格出现，拒绝小巧、灵动、秀丽、乖巧、轻盈等。

　　（3）深色底釉和浅色斑釉的巧妙结合使人感到坚实强壮、活泼飘逸，有一种力感和动感。

　　（4）艺术魅力合天地自然之美，无造作矫饰，厚润中张扬着恢宏和庄严。

　　褐地蓝斑花釉瓷属于黑釉类瓷的分支，其斑釉与普通黑釉完全不同，斑釉单独使用，可制成月白、天蓝色瓷器。斑釉在烧制过程中，由于气泡逸出、釉的流动及固化后纳米级小液滴对光的反射，产生绚丽多彩的乳白、蓝、褐色色调和流纹。褐地蓝斑花釉瓷釉面的褐、白、蓝不均匀性，就是通过这种不同性质的底、

---

[1] 刘晓明. 鲁山花瓷褐地乳白蓝斑釉研究 [A]. // 中国古陶瓷学会. 汝窑瓷器与段店窑瓷器研究 [C]. 北京：故宫出版社，2017：367-380.

图 48 唐代褐地乳白蓝斑釉蚯蚓走泥纹
标本

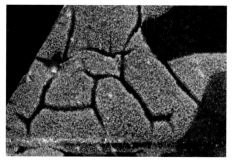

图 49 唐代褐地乳白蓝斑釉鲁山花瓷腰鼓
标本

图 50 唐代褐地乳白蓝斑釉鲁山花瓷罐标本

面釉实现的[2]（见表13）。

　　通过数据分析，我们得出结论，鲁山花瓷褐地乳白蓝斑釉的底釉和面釉的化学成分构成几乎一样，烧成后之所以会出现对比强烈的深浅两种色彩，其原理主要有以下几个方面：

[2] 刘凯民,李洁，苗锡锦. 唐代花瓷釉的本质及其与后世分相乳浊釉的关系 [J]. 山东陶瓷,2006(1).

表13　褐地乳白蓝斑釉瓷片底釉和面釉的化学组成 [3]

釉面	C 唐代瓷片		D 唐代瓷片		G 唐代瓷片	
	底釉	面釉	底釉	面釉	底釉	面釉
SiO_2	71.2	74.2	64.6	61.8	70.9	67
Al_2O_3	11.7	9.1	13.6	11.2	12.3	9.15
Fe_2O_3	4.75	0.379	4.49	2.8	4.03	3.69
TiO_2	0.62	0.17	0.75	0.84	0.68	0.56
CaO	5.42	6.91	7.69	14.3	5.53	12.6
MgO	1.58	0.24	2.15	1.8	1.53	1.12
K_2O	3.16	4.92	3.40	2.54	3.35	3.49
Na_2O	0.843	1.24	1.51	1.29	0.969	0.871
P_2O_5	0.25	0.088	0.64	1.5	0.37	0.55
MnO	0.097	0.07	0.16	0.287	0.14	0.297
SO_3	0.11	0.03	0.63	1.18	0.09	0.33
Cl	0.05		0.09	0.08	0.06	12

（1）底釉和面釉均为高硅低铝，硅促使釉面产生分相。

（2）减少了面釉中的氧化铁含量，提高了面釉的白度。

（3）利用了氧化钙、氧化镁的分相乳化效果。

（4）部分微量元素如锌在高温环境中呈色。

（5）氧化磷的含量相对较高，促使釉的乳光效果形成。

（6）增加面釉的浓度，使烧成后的釉层变厚，产生液–液分相，面釉的流动及固化后纳米级小液滴对光的反射。

---

[3]　笔者委托郑州大学分析测试中心进行化验。

二、制作工艺

唐代鲁山花瓷褐地乳白蓝斑釉的产生，是采用当地含铁量高的原料，在烧制日用褐釉瓷的基础上，用当地矿料配制斑釉，经过加工洒彩，高温创烧窑变而成，其制作和烧制工艺有其独有的特点和先进性。

1. 配釉技术

褐地乳白蓝斑釉深色底釉和浅色斑釉为基础含量几乎相同的两种釉，先后施在同一器物上。烧成首先要解决底釉不流动，斑釉要流动的难题。斑釉要求其流动，并且还要扩散，形成既有流动的线状流纹，又有爆花状活泼的纹理较为困难，聪明的窑工反复探索，通过改变调整釉的浓度和在斑釉中添加牛骨及当地特有的栎木灰，成功解决了这个难题。

2. 施釉工艺

唐代以前的瓷器装饰多为胎装饰，即在胎体上堆塑和刻花，鲁山段店窑花瓷独创了在生坯上施深色底釉后，再采用点、洒、堆、绘等技法施以斑釉，然后入窑一次烧成。

（1）工具。从出土和传世器物来看，根据器型、大小和审美要求分别使用了毛刷、毛笔和挤釉器等工具。

（2）施釉。通过研究出土和传世器物，结合仿制过程中的实际经验看，当时使用的底釉和斑釉浓度不同，一般斑釉稠如糨糊状，比重均需达到65度以上。

底釉施釉多采用蘸釉法，手持底足，将器物放入釉缸内，稍加停顿后拿出；斑釉施釉根据不同器物的器型和艺术表现手法，需要采用刷、洒、点、甩等多种技法。

其中刷釉法应用较多，较随意，具有活泼、潇洒的风格，适用于大、中型器物，如腰鼓、壶、罐等。洒釉多用于特大型器物，如大罐、缸、盆等，釉的浓度较稀，泼洒成不规则形，出现大面积像瀑布一样的白蓝斑。点釉应用较少，多用于小件或制作较为精细的器物，大多都是随意而作，表现自然洒脱。甩釉多用于斑釉较稠的状况，用刷、笔或挤釉器等，任意在坯体上甩出不规则的条形、半圆、点状纹样。

3. 烧制工艺

鲁山花瓷褐地乳白蓝斑釉在烧制时一般采用氧化气氛，烧成温度在 1250 ~ 1300℃。

褐地乳白蓝斑在坯体上二次施釉，由于不同的釉料在高温下有不同程度的膨胀系数，冷却时也会产生不同程度的收缩系数，因此底釉和随意点洒上去的斑釉在窑中高温焙烧时，两种釉层熔融流动互相浸漫，形成液-液分相乳浊釉。斑釉与底釉相互渗透、熔融，自然晕化，形成美丽的彩斑。由于是在深色底釉上形成浅色彩斑，形成鲜明的对比，更显清新典雅，生动醒目。

第七章

鲁山花瓷赏析和统计

第一节　鲁山花瓷的装饰和审美

一、鲁山花瓷的装饰特征

在唐代之前，陶瓷器的装饰多采用刻画或拍印等方法，这是通过"减"法装饰，而贴塑、堆塑等方法则是通过"加"法做装饰。但不管是加或者减，都是在陶瓷胎体上进行装饰，而很少采用釉装饰。西晋以后至隋朝，虽然青瓷局部有釉下点褐黑彩的装饰，但只是偶尔为之。从鲁山花瓷开始，在单一的釉色上增加了另一种色釉，这不是简单的釉色的增加，而是崭新的陶瓷装饰语言[1]。所以说，鲁山花瓷是通过施釉工艺来实现装饰，而且通过两种釉色来装饰，在视觉上形成釉色的对比。由于底釉颜色较深，彩斑在底釉上自然流淌，变化多端，图案自然率意，是瓷器装饰的一大创举[2]。

瓷器的釉装饰可分为釉下彩、釉上彩。釉下彩始于西晋越窑生产的青瓷褐黑斑瓷器。其工艺是在生坯上点以彩斑，然后罩釉一次烧成。唐代长沙窑和邛崃窑彩绘瓷器就是继承发展了这一工艺技术。釉上彩始于金代，是在烧成的瓷器釉面上再绘以不同的装饰纹样，然后入窑低温二次烧成。而鲁山花瓷独创在生坯或经素烧的坯体上施黑色底釉后，再采用刷、点、洒等技法施以彩斑釉，然后入窑烧制，斑釉在点染与入窑焙烧过程中与底釉交互渗透、熔融，自然晕化形成美丽的彩斑，产生一种自然天成的意趣和美感。因此，唐代花瓷既不属于一次烧成的釉下彩，也不属于二次烧成的釉上彩，而是属于釉中彩。钧瓷就是吸收、借鉴了唐

---

[1]　朱宏秋，郭灿江. 斑斓多变的釉色——河南博物院藏花釉蒜头壶 [J]. 文物天地，2015（3）：56-59.

[2]　朱宏秋，郭灿江. 斑斓多变的釉色——河南博物院藏花釉蒜头壶 [J]. 文物天地，2015（3）：56-59.

代釉中彩斑装饰工艺技术而发展起来的[3]。

鲁山花瓷的独特之处就在于其装饰工艺。就目前考古和采集到的标本来看，鲁山花瓷的釉色具有以下特点：

除腰鼓和个别精致的黑色灰白斑花釉瓷器外，绝大多数花釉瓷器施釉不到底；

施釉灵活，采用黑色、乳白、蓝斑三色，除深色底釉上施以浅色斑釉外，也有浅色底釉施深色斑釉；

釉色区别于当时的青瓷、白瓷、黑瓷，而且常有釉泪、釉痕、釉淌等凸凹现象，表明釉层是复式堆积的；

釉层丰厚，均为二次施釉，在黑釉、黄釉、天蓝釉、黄褐釉、茶叶末釉上，饰以天蓝或月白色的斑点、斑纹；

釉色俱佳，釉质细润，底釉有黑色、深褐色、酱褐色、茶叶末色、黄色，斑釉有月白、乳白、天青、天蓝，或整器全部施月白、天蓝等浅色釉。

鲁山花瓷的装饰具有以下特点：

釉料分底釉和装饰釉两种：底釉主要有黑色、黑褐色、黄褐色、灰白色等，装饰花斑釉主要以灰白、蓝灰为基本色调，兼有黄色和孔雀蓝色；

在底釉和装饰釉的搭配上，一般来说，深色釉上饰浅色斑纹，而浅色釉上饰深色斑纹；

在釉色的搭配上，从出土的鲁山花瓷标本来看，传世品以黑釉者居多，多饰以天蓝或月白色斑点，这是唐代花釉瓷器主要色调；而灰白底釉多采用黄褐釉斑装饰；黑褐色、黄褐色底色釉上多采用灰白或蓝灰釉斑作装饰，但比较少见；

从装饰色调来看，采用黑地、乳白、蓝斑三色，两种釉色互相衬托，对比强烈，呈现出唐代大气、庄重的时代特征以及鲜明的艺术个性。

可以说，鲁山花瓷之成器，半假人工，半赖天成，在唐代"南青北白"的瓷器格局中独树一帜，是一种具有革命性的创新。"花釉瓷器作为唐代陶瓷生产上的一大成就，其显著的装饰艺术特色就是在黑釉、褐釉的底色上施以呈色不同的釉料……釉色装饰多采用浅色釉涂在深色釉上，便于衬托出另一种色彩斑块，

---

[3]　郭灿江，董源格. 唐代花釉瓷器 [J]. 收藏家，2011（3）：13.

显得格外醒目。[4]"鲁山花瓷的釉料烧制后，经过高温的熔融，底釉深沉稳重，斑纹釉变幻莫测，呈现出色彩斑斓的装饰效果；斑纹具有流动性，或任意泼洒，或自然流淌，与底釉的对比十分强烈，显得格外醒目，造就了唐钧独特的艺术风格。这种窑变斑在"欠火"时呈几乎不透明的月白色，比较呆板，缺乏生动活泼的效果，但在烧得恰到好处时，则如行云流水，富有流动感，流纹生动活泼，变化万千[5]。

在中国陶瓷发展史上，鲁山花瓷以色彩绚丽、富于变化而闻名，具有重要的历史地位和极高的艺术成就。鲁山花瓷存世量虽然不大，但艺术成就很高，油彩泼墨般的装饰效果，对后世陶瓷装饰艺术影响巨大。鲁山花瓷虽然呈现出乳光蓝斑，但釉料完全不含钴的成分，而是由于釉料在烧制过程中形成的纳米级液滴对光的反射而形成。现代有部分窑口仿烧的花瓷采用氧化钴呈色，其呈色原理和鲁山花瓷完全不同，根本不能称为花瓷，并且呈色单一、轻薄，缺乏流动性和厚重感[6]。

二、鲁山花瓷的审美特征

鲁山花瓷的整体特征，大致可以用"厚重"来概括，原因如下：

（1）造型浑厚大气，胎体大都比较敦厚、坚实，比青花瓷要厚一倍之多；

（2）以厚釉著称，因为釉的浓度一般较大，因此蘸釉是最常用的施釉方法，蘸时还要在釉液中稍作停顿；

（3）因为釉层肥厚，因此底釉着好后，还要点、泼、洒、刷上另外颜色的斑面釉，常有釉泪、釉痕、釉淌等现象；

（4）由于胎体上着釉较多，烧成后瓷器显得浑厚、坚实、古朴、庄重，是典型的唐代艺术风格。

可以说，鲁山花瓷在黑地、黄褐、茶叶末地上饰以月白、天蓝、天青斑面釉，黑色底釉漆黑透亮，蓝色斑釉大都随意点抹，纵情泼洒，流动自然、分相明

[4] 张会锋. 浅析唐代花釉瓷器对钧瓷艺术的影响 [J]. 大众文艺, 2009（20）: 91.

[5] 刘凯民, 李洁, 苗锡锦, 等. 唐代花瓷釉的本质及其与后世分相乳浊釉的关系 [J]. 山东陶瓷, 2006（1）: 10.

[6] 梅国建, 刘晓明, 等. 段店窑——鲁山花瓷 [M]. 成都：四川美术出版社, 2014.

显。鲁山花瓷以黑白为主色调，其间黑中隐蓝，蓝中泛白，蓝白黑相间，且釉体斑纹产生出流动感，呈针尖状、丝缕状、流星状、雨点状等，变幻莫测，具有丰富的审美特征。鲁山花瓷底、斑釉黑与白、白与蓝的巧妙结合，随意涂洒的彩斑形状各异、自然流淌，使唐代的陶瓷器充满乐趣与想象力，富有质感的"厚重"又与在高温下熔融流淌而成的动感形成对比，使花瓷厚重中兼有活泼飘逸，具有一种肆意挥洒、自由活泼、气韵天成的美感，也从一个侧面反映了唐人追求斑斓绚丽的审美风尚[7]。

若是单一的黑色、黑褐色甚至是茶叶末色的釉色，总是会显得沉闷；然而鲁山花瓷经过前后两次施釉，在窑中高温焙烧时，彩斑和底釉熔融、流动、浸漫，由于不同的釉料在高温下会有不同程度的膨胀，冷却时也会产生不同程度的收缩，斑釉会自然流动，其色调亦复杂多变，乳白色、月白色、蓝色、灰白色的彩斑，与黑釉、黄釉、黄褐釉、茶叶末釉的底釉互相衬托，偏蓝色的彩斑使器物显得瑰丽明亮，偏白色的彩斑使器物显得温和明亮。这种高温釉上的彩斑点是随意点、刷、洒上的，在窑中高温焙烧时，釉层和彩斑熔融、流动、浸漫，形成二液分相釉层，烧成后自然流淌、变幻多端，有的泛漂亮蓝色，有的白中微微闪天蓝，也有的白褐相间，釉厚处有明显的窑变现象。由于在深色底釉彩斑的随意加上窑变，给人一种奔放不羁、斑驳陆离、流动飘逸、痛快淋漓的美感，与唐人追求浪漫雄伟的审美趣味正相契合[8]。

综上所述，唐代鲁山花瓷代表了中国北方陶瓷工艺的最高水平，唐代人们思想开放，崇尚雍容华贵，而唐代花瓷造型丰满，追求简练、凝重、质朴的风格，坚持宁简勿繁的原则，在装饰上以系、耳饰、玄纹为主；不但造型具有明显的时代特征，而且鲁山花瓷二液分相乳浊釉的发明和运用，彻底打破了唐代青、白、黑单色釉瓷的单调局面，开创了"一器三色"的釉色，使黑釉系瓷器幻化出了瑰丽斑斓的窑变效果。唐代鲁山花瓷浪漫多变的釉色，窑变釉的创造性使用，充分体现出强烈的动感和饱满向上的时代精神，体现了唐代自然活泼、奔放激荡的艺术追求和开放、饱满、自信的艺术精神，渲然着时代的张力和进取的精神[9]。

---

[7] 朱宏秋，郭灿江. 斑斓多变的釉色——河南博物院藏花釉蒜头壶 [J]. 文物天地，2015（3）：56-59.

[8] 黄云. 唐代花瓷及其与钧瓷的历史关联——基于一种文献学的考察 [J]. 许昌学院学报，2014（4）：32-33.

[9] 张国勋. 鲁山花瓷说古今 [N]. 平顶山日报，2018-10-31.

第二节　鲁山花瓷赏析

一、罐

在唐代花瓷中，以罐最为常见，有高体的、矮体的、大口的、小口的，有无系、双系和四系三种，也有不带系的大罐，造型变化丰富。

花釉罐数量较多，胎体厚重，侈口，圆腹，平底。罐高多在 20～30 厘米，小口丰肩，轮廓浑圆，腹部丰满，大气庄重。

常见罐的形制分无系花釉罐和有系花釉罐两类。有系花釉罐又分为双系花釉罐和多系花釉罐。

1. 黄地乳白蓝斑双系罐（见图51）

高 18.5 厘米，口径 9.5 厘米，底径 10 厘米
故宫博物院藏

　　罐唇口，溜肩，收腹，平底，肩部对称立起两系。里外施釉，外部施褐黄色釉不到底，其上有灰蓝色彩斑四块。釉色是在灰蓝釉之上浮映片叶状月白色彩斑，格外醒目。形体古朴圆润，敦厚凝重，体现出自然饱满的情致。

图 51 黄地乳白蓝斑双系罐

2. 黑地乳白蓝斑双系罐（见图 52）

高 19.9 厘米，口径 7.4 厘米，底径 10.7 厘米

故宫博物院藏

罐口微外撇，短颈，颈两侧对称各置一系，丰肩，肩以下渐收，平底。近底处刻深弦纹一道。通体施黑釉，近底处露胎。乌黑的釉面上装饰四块灰蓝色斑块，似色料自然流淌而成，妙趣天成。

图 52 黑地乳白蓝斑双系罐

3. 黑釉白斑罐（见图53）

高21.2厘米，口径7.9厘米，底径9.1厘米
故宫博物院藏

罐撇口，短颈，溜肩，腹略鼓，腹下收敛，近底处深刻弦纹一道并微撇，平底。通体施黑褐色釉，施釉不到底。罐身饰以三个连续的蓝色大斑块。

此罐釉色乌亮，衬托着天蓝色不规则大片叶状块斑，鲜明活泼，类似这样完整的器型在同类作品中较为少见，系河南段店窑所产花瓷中的精品。

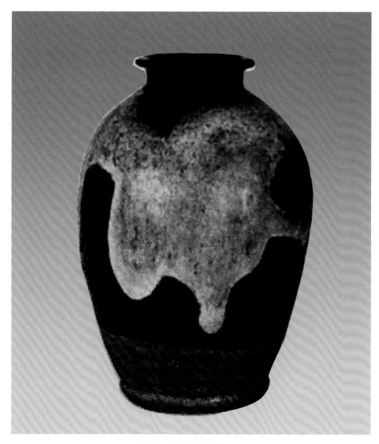

图53 黑釉白斑罐

4. 黑褐色灰白斑花釉罐（见图 54）

高 17 厘米，口径 9.3 厘米，底径 9.4 厘米

1988 年禹州市浅井乡唐元和五年（810 年）郭超岸墓出土，禹州钧官窑博物馆藏

圆唇，罐口沿外卷，短颈，丰肩，肩有双系。鼓腹，腹下部斜收，饼足稍外撇，足底有削棱。白胎微泛灰黄色，胎质较粗；罐内外施黑釉，局部呈酱黄色，木光，施釉不及足。口部稍变形，肩部对称饰四块灰白釉斑块，斑块微凸起于釉面。造型古朴，施釉不刮底且有流釉现象。

图 54 黑褐色灰白斑花釉罐

5. 黑褐色灰白斑花釉罐（见图 55）

高 15.9 厘米，口径 9.3 厘米，底径 9.4 厘米

1988 禹州市浅井乡唐元和五年（810 年）郭超岸墓西侧唐墓出土，禹州钧官窑博物馆藏

　　罐口沿外卷，短颈，丰肩，肩部两侧各有一个双泥条系。圆腹，腹下部斜收，饼足稍外撇，足底有削棱。下为平底实足。灰黄色胎，胎质较粗；罐内外施棕褐色釉，局部呈棕黄色，釉面光亮，施釉不及足。肩部饰四块白釉斑块，斑块延至双系和口沿内。整个器型浑厚，是唐代的典型器型。

图 55 黑褐色灰白斑花釉罐

6. 黑釉白斑花釉瓷罐（见图 56）

高 16 厘米，口径 10 厘米，底径 10 厘米
1988 年禹州市浅井乡唐元和五年（810 年）郭超岸墓出土，河南省博物院藏

口沿外卷，短颈，丰肩，肩有双系。下为平底实足。罐外施黄釉不到底。在口、肩部黄釉上有四块灰白彩斑装饰，斑块延至双系和口沿内。

图 56 黑釉白斑花釉瓷罐

7. 花釉罐（见图 57）

口径 10 厘米，底径 10 厘米，腹径 18.6 厘米，高 22 厘米

洛阳关林出土，洛阳市文物考古研究所藏

直口，方唇，圆肩，鼓腹平底。表里施半釉，釉色黄褐色，腹中和肩部饰有反复缠绕的灰白色粗条状斑纹，底部和腹下部露出灰白色胎质，饼状足外侧斜削。

图 57 花釉罐

8. 花釉双系罐（见图 58）

高 11 厘米，口径 7.4 厘米，足径 7.1 厘米
1999 年郑州市伏牛路河南地质医院出土

圆唇，侈口，短颈，丰肩。肩部有双泥条曲拱双系。罐体上部鼓腹，下部斜收。下为饼形足外撇，足沿削棱。胎为褐色，罐外施褐黑色釉不到底。罐腹褐黑色釉上饰不规则片状蓝灰、灰白彩斑。

图 58 花釉双系罐

9. 花釉罐（见图 59）

高 21.7 厘米，口径 10 厘米，腹围 58 厘米

河南省禹州市征集

唇口，下为平底实足，肩部有双系。罐外施半截黑釉，腹部黑釉上有月白色彩斑装饰。

图 59 花釉罐

10. 花釉双系罐（见图60）

高 13.6 厘米，口径 15.1 厘米，足径 10.1 厘米
河南省博物院藏

圆唇，敞口，矮颈，圆肩，鼓腹，下腹渐收敛，矮饼足，足微微外撇，肩部
有双泥条系。通体施黄釉，腹部近足处及足部露胎，颈部、双系部、腹部的黄釉
上有形状随意的大块灰白色彩斑饰。

图 60 花釉双系罐

11. 花釉大口双系鼓钉罐（见图61）

高13.4厘米，口17.7厘米，底径13.4厘米
段店窑文化研究所藏

鼓腹，溜肩，口向内收，肩有两系，外部施满了鼓钉，也是处于模仿的目
的。内外施白釉，朴实大方。

图61 花釉大口双系鼓钉罐

12. 茶叶末地白斑双系罐（见图62）

口径8.9厘米，足径8.4厘米，高16.1厘米

段店窑遗址出土，平顶山学院鲁山花瓷馆藏

口部折沿，短流，后有对称的攀手，肩部贴一对双柄形耳，腹部浑圆，壶体施黑釉不到底，黑釉上装饰蓝白色斑纹。

图62 茶叶末地白斑双系罐

二、执壶

　　"执壶"在古代是酒器而非茶壶，盛行于唐中期至宋代，是由魏晋流行的鸡头壶或盘口壶演变而来。唐代早期器身矮胖，颈短，腹部浑圆饱满，流短，施釉不到底；到了会昌、大中年间，壶的形状有了显著改变，颈部加高，腹部作椭圆形，有四条内凹的直线，腹作瓜形，流延长，把孔加大，式样优美，装酒、注酒更加方便；晚唐五代器身加长，颈部加高微细，腹呈椭圆或瓜形，流与柄加长，显得轻盈秀丽。宋代壶身更趋瘦长，以瓜棱形为常见，流、口和柄加高。

　　执壶数量较多，胎体厚重，器腹鼓圆，口作喇叭形，口沿有折沿和卷沿两种。壶多双系，一面为短流，一面为曲柄，平底，壶体饱满，轮廓线圆润；底部无棱角，施釉不及底，有黑地白蓝斑、黄地白蓝斑、酱褐地白蓝斑、茶叶末地白蓝斑、月白地黑、褐斑、月白釉、天青釉、灰蓝釉。

1. 花瓷双系执壶（见图63）

高 27.1 厘米，口径 12.2 厘米，底径 12.5 厘米

故宫博物院藏

口外卷，短颈，长圆腹，平底。肩上一侧置短流，另一侧置连于颈、肩的曲柄。釉呈黑褐色，施釉不到底，肩部有大块蓝斑。造型古朴典雅，黑褐色釉面上自然流溢着蓝色的斑纹，是唐代执壶的典型之作。

图 63 花瓷双系执壶

2. 段店窑黑釉蓝斑壶（见图 64）

高 15.6 厘米，口径 7.5 厘米，底径 8.6 厘米
故宫博物院藏

　　壶撇口，短颈，椭圆形腹，平底，肩部一面为流，相对一面为双带形曲柄，另两面各有一系。通体施黑色釉，里满釉，外部施釉不到底。口、肩等部位施灰蓝色斑纹为饰。此壶造型为唐代典型器，其丰硕的壶体显示出大唐盛世的风韵。釉面色调黑白分明，以大块色斑点缀器物，质朴而凝重。此件花釉壶应为唐代河南段店窑的产品。

图 64 段店窑黑釉蓝斑壶

3. 黄褐色灰白斑花釉执壶（见图 65）

高 22.5 厘米，口径 7.8 厘米，底径 10.8 厘米
登封前庄窑址采集

尖唇，折沿下斜，直口，短颈，圆肩，肩附双泥条形系和錾手，对称处饰一短直流。饼形足，器外部施黄褐色釉，不到底。腹部黄褐釉面饰上局部饰有灰白和蓝灰色斑釉装饰。

图 65 黄褐色灰白斑花釉执壶

4. 蓝灰色灰白斑花釉执壶（见图66）

高 28.8 厘米，口径 10.8 厘米，底径 9.1 厘米

登封前庄窑址采集

白胎。圆唇，喇叭形口，圆肩，肩附泥条形錾手，对称处饰一短直流。柄形足，内外皆施黄褐釉，外壁釉不及底。釉面饰以流水状灰白色彩斑。

图 66 蓝灰色灰白斑花釉执壶

5. 花釉花口执壶（见图 67）

高 27.5 厘米，口径 6.5 厘米，底径 8.8 厘米
1990 年三门峡市供电局工地出土，河南省博物院藏

圆唇，喇叭形侈口被捏成不规则花瓣状，前端形成流口，形状略大的一个花瓣被巧妙地当作壶流。口部至肩部有一双泥条形的曲鋬，细长颈，圆肩，卵圆腹，矮饼足。浅褐色胎，通体施黑褐色釉，釉上有蓝灰或灰白色彩斑装饰，釉面光亮，施釉不到底，腹部近足处及足部露胎。

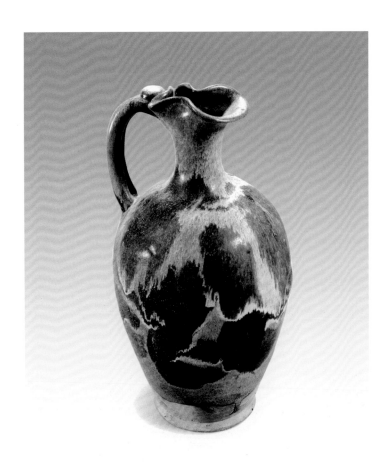

图 67 花釉花口执壶

6. 花釉执壶（见图 68）

高 26 厘米，口径 9 厘米，足径 10 厘米

1985 年三门峡市出土，河南省博物院藏

敛口、短颈、溜肩、腹微鼓、平底实足。肩附双系，双系间有一錾，与之对称处有一短流。坏胎浅褐色，坚致，壶外施黑褐釉不到底，腹部饰以白中闪蓝的彩斑。鲁山段店窑烧造。

图 68 花釉执壶

7. 月白釉黑褐斑双系执壶（见图69）

口径9.5厘米，底径10厘米，高21.5厘米

段店窑遗址出土，平顶山博物馆藏

口沿外卷，肩部有一短流，后颈肩部贴有对称的把柄，肩部两侧贴对称的双耳，圆形腹下收，饼形足。通体施褐釉，从口沿到壶体饰以不规则的白斑。

图69 月白釉黑褐斑双系执壶

8. 花釉龙首执壶（见图 70）

高 27 厘米，口径 11 厘米，足径 9.2 厘米
1964 年洛阳市北窑湾唐墓出土，洛阳博物馆藏

圆唇，侈口，短束颈，圆肩，假圈足，平底，兽首流。肩有一龙首形曲柄，龙嘴衔口沿。流的两侧有两系，向上延伸至壶口。胎体为褐灰色，壶通体施黑色釉，在黑色乌亮的釉面上，腹部和龙首装饰有形状不规则大块灰白色彩斑。壶整体端庄大气，彩斑又使得壶显示出别样的飞扬灵动。

龙柄执壶是时代特征较为明显的一种器物，由北朝及隋代盘口壶、鸡首壶发展演变而来，这类器物主要流行于初唐、盛唐、中唐时期，晚唐就不见出土了。出土地也比较集中，主要在唐王朝最为繁盛的京畿之地——西安和洛阳。

图 70 花釉龙首执壶

9. 黄釉席纹蓝斑双系执壶（见图 71）

高 22.1 厘米，口径 10.1 厘米，底径 11.3 厘米
郏县黄道窑出土，首都博物馆藏

卷沿，矮颈，丰肩，圆腹，饼足。肩部装饰带状曲柄和短流，另两侧有对称双系。通体施黄釉，施釉不到底。器身刻有跳刀状席纹，并在肩腹部点缀蓝斑。胎质细密，呈灰白色。釉面有细碎的开片纹。郏县黄道窑主要生产黄釉瓷和黄釉席纹瓷，而瓷壶是席纹和蓝斑的结合，实属少见。

图 71 黄釉席纹蓝斑双系执壶

10. 花釉蒜头壶（见图72）

高 34.5 厘米，口径 10 厘米，足径 11.5 厘米

1973 年新野县出土，河南省博物院藏

壶口作蒜头状，球形凸起五个蒜瓣。短束颈，圆溜肩，长腹圆鼓，下腹渐收，矮饼足。肩部饰对称的泥饼状直立双耳，颈部、肩下部饰有凸起的弦纹。壶外通体施黑褐釉，蒜头、腹部、肩部饰有灰白色条带状彩斑装饰，具有较强的艺术装饰效果。

图 72 花釉蒜头壶

三、瓶、盘及其他

瓶有小口瓶、葫芦瓶、荷口瓶等，皆为细颈，弧腹，平底。其中，蒜头瓶的瓶口做成蒜瓣形，颈部修长，与腹部的圆鼓形成对比，因为形状而得名，腹部线条由窄变宽，十分流畅，给人以美的享受；葫芦瓶较少见，上部小，下部大而圆，也有上部呈花瓣形杯状，下部为饱满圆形腹，这两种造型很别致。

盘常见的有翻口斜壁平底盘、撇口壁形底盘、直口弧腹短圈足盘、委角方盘和葵瓣口盘等，前几种出现的时间较早，后两种是晚期的产品。从标本看，盘的造型有三种，一种为敞口，直沿，圜底下有三足；另一种为敞口，平沿，下有三矮足；第三种为敞口，斜壁，平底。

钵的造型为敞口，卷沿，弧壁，下收成小平底。除底足外皆施釉，在黑釉层上呈现出月白或天蓝色斑。

1. 黑釉白斑瓶（见图 73）

口径 3.5 厘米，底径 6.6 厘米，高 12.3 厘米
段店窑遗址，平顶山博物馆藏

折沿口，短颈，球形腹，平底。瓶体施黑釉，釉不到底，釉上有叶形月白色
斑块。

图 73 黑釉白斑瓶

2. 黑釉月白斑双系花口瓶（见图74）

高 29.2 厘米
美国纽约大都会博物馆藏

瓶口似张开的四瓣花，短颈，肩部贴对称扁宽双耳，球形腹，平底。器身施黑釉，黑釉上有自然流淌的不规则的大块月白色夹着天蓝色斑块。

图 74 黑釉月白斑双系花口瓶

3. 黑地乳白蓝斑三足盘（见图 75）

高 3.2 厘米，口径 15 厘米，足距 10.2 厘米
郏县黄道窑出土，故宫博物院藏

浅盘式，撇口，平底，下承以三足。通体内外施釉，黑色釉地上呈现蓝、白交融的花斑。外底中心无釉。将此件三足盘与窑址出土的标本相互印证可以发现，此盘属于河南郏县窑产品。三足盘是唐代流行的盘式之一，品种有青釉、绞胎、三彩釉陶、花瓷等多种，从装饰效果看，如果说唐三彩陶器色彩丰富，那么这件花瓷盘与之相比，其火焰般绚烂夺目的窑变釉色，更具有粗犷豪放的美感。

图 75 黑地乳白蓝斑三足盘

4. 花釉三足盘（见图 76）

高 5 厘米，口径 28.5 厘米，底径 11.5 厘米

段店窑遗址出土，河南省文物考古研究所藏

　　盘下加足，体现了手工艺者卓越的工艺美术思想，加了三足既保证了稳定性又打破了盘底不可上釉的局限，提升了艺术性。釉色以黑底加以白斑形式，使釉看上去如山水画般雄伟壮丽。

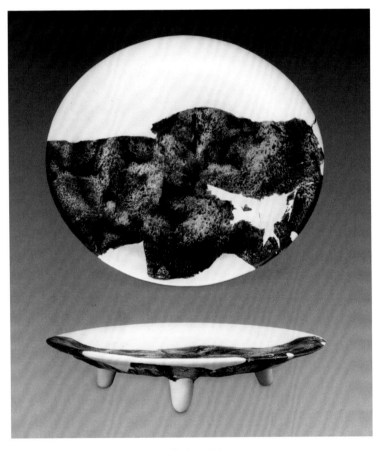

图 76 花釉三足盘

5. 花釉花口三足洗（见图77）

洗高 11.5 厘米，口径 25.5 厘米

平顶山市苗侯村唐墓出土，平顶山博物馆藏

盥水器，口沿呈八瓣荷叶状。器物通体为酱黑色，圆底露胎，三足为兽形蹄足，外壁施酱黑色釉，其间有白色釉流变，内壁有多处窑变后形成的放射状蓝色彩斑，在光线映照下，呈现出色彩绚烂的效果，堪称唐代鲁山花瓷中的精品。

图 77 花釉花口三足洗

6. 花釉大盆（见图78）

高 12 厘米，口径 36.5 厘米，底径 15 厘米
段店窑遗址出土，段店窑文化研究所

挺肩敞口，外翻唇，精神大气，以白地上施以黑斑，黑斑自上而下，如同河流，又如同天梯，让人心旷神怡。

图 78 花釉大盆

7. 花釉钵（见图79）

高5厘米，口径11厘米、底径5.5厘米
段店窑遗址出土，段店窑文化研究所藏

敞口，内外饰黑釉，外部黑釉不施到底，加以圆形浅白斑，白斑呈点状，通透明亮。

图79 花釉钵

8. 花釉双系缸（见图80）

高 15.7 厘米，口径 18 厘米，底径 10.8 厘米

河南省博物院藏

　　直口，口沿略外撇，直筒状腹，口下附双系，矮饼足。通体黑褐釉，下腹近足处及足部露胎，腹部黑褐釉上有四块瑰丽的蓝灰色彩斑装饰，彩斑颜色有泛紫色、蓝色、月白色等，色彩渐变，互相浸染，无明确的分界线，视觉上层次感极强。

图 80 花釉双系缸

9. 花釉拍鼓（见图81）

口径19厘米，长53.8厘米

段店窑遗址出土，段店窑文化研究所藏

腰鼓为花瓷代表器物，器型为两头大，中间细，双头绑上鼓膜便为鼓。尺寸较大，整个器型雄伟壮丽，豪放精练。

图81　花釉拍鼓

第三节　鲁山花瓷统计

　　虽然唐代烧制花瓷的窑场不少，但出土的花瓷数量并不多，墓葬出土的数量尤其少，主要以窑址出土为主。根据对古瓷遗址的调查和发掘表明，唐代烧制花瓷的窑场很多，河南有鲁山、郏县、内乡、禹县、登封窑等，还有山西交城窑，陕西铜川窑等。由于鲁山花瓷的知名度尚不足，国外博物馆很少有收藏，国内外博物馆、考古所、收藏机构馆藏的鲁山花瓷也屈指可数。目前，除国外各大博物馆收藏有鲁山花瓷，河南省内如河南省博物院收藏有11件唐代花釉瓷器，另外，平顶山当地的博物馆、研究所也有收藏。本书仅收录见诸文献的馆藏、出土花瓷器物（见表14），因内容较多，故作为附录，附于书后（馆藏花瓷见附录三，出土花瓷见附录四）。

表 14　鲁山花瓷馆藏数量统计一览表（不完全统计）

藏地		数量	器型
国外	1. 美国波士顿美术馆	1件	执壶 1
	2. 美国大都会博物馆	1件	花口瓶 1
	3. 美国旧金山亚洲博物馆	1件	罐 1
	4. 美国密歇根大学艺术博物馆	1件	执壶 1
	5. 大英博物馆	2件	葫芦瓶 1、盘 1
	6. 维多利亚·阿尔伯特博物馆	5件	罐 2、瓶 2、碗 1
	7. 英国巴斯亚洲艺术博物馆	1件	执壶 1
	8. 英国阿尔佛瑞德·丹尼尔·哈爵博士	1件	罐 1
	9. 英国艾伦·巴罗	2件	罐 2

续表

	藏地	数量	器型
国外	10. 瑞士玫茵堂	2件	罐、执壶 1
	11. 德国悦古堂	1件	执壶 1
	12. 日本东京国立博物馆	1件	罐 1
	13. 日本出光美术馆	3件	罐 1、钵 2
	14. 大阪市立美术馆	1件	水盂 1
	15. 日本松岗美术馆	1件	罐 1
	16. 日本根津美术馆	1件	花口壶 1
	17. 日本大和文华馆	1件	执壶 1
	18. 日本茧山龙泉堂	1件	罐 1
	19. 科姆东洋陶瓷美术展	1件	执壶 1
	20. 印尼雅加达博物馆	1件	罐 1
国内	21. 故宫博物院	15件	罐 11、执壶 2、腰鼓 1、三足盘 1
	22. 中国国家博物馆	2件	罐 1、执壶 1
	23. 上海博物馆	6件	罐 3、执壶 3
	24. 陕西历史博物馆	1件	执壶 1
	25. 首都博物馆	1件	执壶 1
	26. 深圳博物馆	1件	瓶 1
	27. 广州南越王墓博物馆	4件	罐 2、执壶 1、碗 1
	28. 西安市文物保护考古所	1件	腰鼓 1
	29. 青岛博物馆	2件	罐 1、葫芦瓶 1
	30. 河南省博物院	8件	（略）
	31. 河南省文物考古研究院	11件	（略）
	32. 郑州博物馆	2件	罐 1、壶 1
	33. 洛阳博物馆	2件	罐 1、执壶 1
	34. 平顶山博物馆	8件	罐 3、执壶 3、三足洗 1、瓶 1
	35. 龙门博物馆	3件	罐 2、腰鼓 1

续表

	藏地	数量	器型
国内	36. 叶县文物管理局	2件	罐2
	37. 平顶山学院鲁山花瓷馆	5件	罐1、执壶3、钵1
	38. 鲁山县段店窑文化研究所	13件	（略）
	39. 中原古陶瓷标本博物馆	13件	（略）
	40. 鲁山文物管理所	3件	碗1、执壶2
	41. 汝窑博物馆	3件	罐1、葫芦瓶1、执壶1
	42. 登封窑博物馆	3件	执壶1、罐2
	43. 钧官窑博物馆	3件	执壶2、罐1
	44. 禹州文物管理所	1件	执壶1
	45. 郏县文物保管所	1件	罐1
	46. 唐河县博物馆	2件	执壶2
	47. 耀州窑博物馆	1件	执壶1
	48. 洛阳市文物考古研究所	1件	罐1
	49. 台湾历史博物馆	1件	执壶1
	50. 香港九如堂	2件	执壶1、花口壶1
	51. 杨永德	6件	执壶1、葫芦瓶3、罐2

除鲁山花瓷窑系的各个窑址出土的花瓷外，墓葬出土的花瓷数量很少。2007年6月—2011年5月，河南禹州新峰墓地发现了七座唐代墓葬，发掘后仅有一个墓（M199）出土花釉瓷器三件，分别为双耳罐及执壶。可见，唐代用花瓷随葬并不普遍，仅属个别情况[1]。如果我们把出土鲁山花瓷的墓葬按照从西到东，从北到南的地域顺序排列，可以发现一些有价值的规律（见表15）。

---

[1] 河南文物考古研究院，许昌市文物工作队. 河南禹州新峰墓地唐墓发掘报告 [J]. 华夏考古，2013（4）.

表 15 鲁山花瓷出土墓葬一览表

序	出土墓葬	纪年	发掘时间	数量	器型
1	西安郊区路复源墓	唐大中十二年（858 年）	1955—1961 年	1 件	罐
2	西安唐大明宫遗址				花瓷碗、腰鼓
3	河南陕县刘家渠唐墓 M1020	唐代大中四年（850 年）	1956 年	3 件	浇壶、执壶、残口
4	河南三门峡市		1985 年	1 件	
5	河南三门峡市供电局工地		1990 年	1 件	罐
6	河南三门峡庙底沟唐宋墓 M236		2002—2003 年	1 件	执壶
7	洛阳关林唐墓 C7M6019		2013 年	1 件	双系罐
8	泌阳板桥水库			1 件	罐
	洛阳唐东都履道坊白居易故居		1992 年	2 件	执壶
9	洛阳市龙康小区唐墓 C7M2151		2005 年	1 件	双耳罐
10	河南洛阳市北窑湾唐墓		1964 年	1 件	执壶
11		唐德宗建中四年（784 年）韦洗夫人墓	1984—1985 年	1 件	双耳罐
12	河南偃师杏园唐墓	唐贞元十年（794 年）殿中侍御史李荣初墓	1984—1985 年	2 件	花瓷罐
13		唐贞元八年（792 年）郑夫人墓	1984—1985 年	2 件	无系罐和双系罐
14	郑州伏牛路河南地质医院唐墓		1999 年	2 件	罐、执壶
15	新郑摩托车城唐墓 [衡云花、李晓莉. 河南新郑市摩托城唐墓发掘简报		2001 年	1 件	罐
16	河南省禹州新峰墓地 M199		2007 年	3 件	双耳罐和执壶

续表

序	出土墓葬	纪年	发掘时间	数量	器型
17	禹州市浅井乡横山村郭超岸墓	唐元和五年（810年）	1988年	3件	双系罐
18	禹州市瓦店村		1981年	1件	执壶
19	平顶山白龟山水库东苗侯村唐墓	唐天宝三十年（754年）	1980年	1件	三足洗
20	唐河县唐代丁氏家族墓			2件	执壶
21	新野县港里村		1973年	1件	蒜头壶
22	广州南越王墓		1983年	3件	罐、执壶、碗

通过上表可以看出，鲁山花瓷的出土地域多集中在豫西三门峡、洛阳和豫中偏南的禹州、鲁山、登封等地，其中三门峡出土花瓷较多，其他地区比较少见。这些地域有两个主要特征：一是在花瓷主要烧造区，如禹州、鲁山、登封和鲁山县周围等地；二是挨近唐代两京，如位于长安与洛阳之间的三门峡，三门峡唐代属陕州，北通河东，东走洛阳，西入潼关，且在漕运上有重要位置。"盛唐之时，每年城下过漕船数千艘，所运漕粮数百万石。由此可见陕州水运之盛，城内有甘棠驿站。"作为漕运中心和两京之间重要的驿站，当时陕州所出土的花瓷应为商人和官员从花瓷的产地来往之间所带之物品。正因为远距出土地，出土的花瓷与当地墓葬出土的花瓷相比更为精细，属于唐代花瓷中的精品[2]。

---

[2] 张迪. 河南出土唐代花釉瓷的地域特征和彩斑装饰特点 [J]. 东方收藏，2018（3）：40.

附录一　鲁山段店窑大事记

一、1949 年之前

唐朝初期

鲁山段店窑开始烧造瓷器。716 年，宰相宋璟与玄宗皇帝赞誉鲁山花瓷。《鲁山县志》记载："开元八年，段店一带瓷器工业迅速发展，出现前所未有的鼎盛局面，产品颇负盛名。"

唐朝中晚期

鲁山段店窑达到鼎盛时期。花瓷腰鼓盛行。

唐代南卓撰《羯鼓录》记载："不是青州石末，即是鲁山花瓷"。

鲁山段店窑烧制花瓷为首创。因唐代南卓的《羯鼓录》而名声大噪。之后河南郏县、内乡、禹州、陕西耀州窑、山西交城窑等在段店窑之后，都烧造花瓷，形成了鲁山花瓷窑系。

唐末，鲁山花瓷近于停产。

五代时期

主要烧制黑釉、黄釉和白釉。

宋代

段店窑鼎盛时期，窑场扩大，产品更加丰富。生产黑釉、白釉、青釉、钧瓷、三彩等十余种瓷器。装饰上除直线纹、曲线纹外，也有划花、刻花、印花纹等。同时生产的还有白釉加绿彩及錾花瓷器，这些陶瓷器的生产打开了段店窑的销路，保持了当地窑业的持续兴旺。

金代

段店窑继续生产宋时的各类瓷。新的品种有黑釉凸线纹罐和红彩,但产量减少。

元代

段店窑烧造白地黑花瓷、白釉碗及少量钧瓷等,做工粗糙。此时的窑业已失去唐、宋时期精制瓷器的风采。陶瓷工匠及陶瓷业转向邻近的桃花店。

明代、清代

段店窑停止烧造陶瓷器。桃花店窑主要生产黑瓷、白瓷、柿叶红釉瓷、粗瓷瓮、缸、罐、砂锅等,产销量很大,生意兴隆。

中华民国时期

鲁山县陶瓷工业逐渐凋散。但梁洼一带烧制的缸、盆、碗、瓮等日用产品经济实用,远近闻名。

二、1949 年至今

1950 年 11 月,故宫博物院古陶瓷专家陈万里来到河南临汝县、宝丰县和鲁山县三县计 9 处窑址调查,发现了段店古瓷窑址。

1950 年至 1955 年,共生产民用瓷器 2390 万件。

1955 年,梁洼一带 40 家私营瓷器作坊合并,成立陶瓷生产合作社,从业人员 200 余人,主要生产民用瓷器。

1977 年,故宫博物院古陶瓷专家李辉柄、李知宴来到鲁山段店窑调查,参与共同调查的还有河南省博物院的王雨刚和鲁山县文化馆文物干部王忠民。基本上弄清楚了鲁山段店窑遗址的范围、烧造历史及生产品种、工艺特征。确认唐文献中记载的鲁山花瓷为段店所产。

1979 年后,村办、组办和个体创办制瓷作坊同步发展。

1980 年,李辉柄、李知宴发表《河南鲁山段店窑》一文,发表于《文物》1980 年 5 期。

1986 年 9 月,河南省文物研究所古陶瓷专家赵青云、赵文军与鲁山县文化馆文物干部王忠民一起来段店进行复查,确定了鲁山段店窑址的范围、堆积厚度,采集了大量的瓷片，其中有数量较多的黑釉花斑腰鼓残片。进一步证实了段店窑为唐文献中"鲁山花瓷"的产地。

1986年11月，鲁山县人民政府公布段店瓷窑窑址为县级文物保护单位。

1987年，建鲁山县花瓷工艺厂，厂址在段店村已废弃的学校内。试制生产花瓷工艺品和日用瓷器，一年后停产。

1988年，梁洼一带共有瓷窑39座，从业人员279人，生产各种瓷器13万件。均为纯黑釉、白釉瓷缸、盒、罐、碗及耐火材料。

1988年，河南省文物研究所与鲁山人民文化馆在《华夏考古》1988年1期发表《河南鲁山段店窑的新发现》一文。

1990年秋，河南省文物研究所孙新民、郭木森、陈彦堂、赵文军对段店瓷窑遗址进行考古发掘。

2000年9月25日，河南省人民政府公布段店瓷窑遗址为第三批重点文物保护单位。划定保护范围面积为500米×500米=25万平方米。

2001年9月，鲁山县人民政府[2001]16号文件，成立段店瓷窑遗址文物保护管理所，完善"四有"（有保护组织、有保护范围、有保护档案、有保护标志）工作。

2004年3月，根据河南省文物局[2004]34号文件《关于调整国家级、省级文物保护单位保护范围的通知》，调整补充段店窑保护范围为1100米×700米=77万平方米。

2004年8月，根据河南省文物局[2004]243号文件《关于转发国家文物局〈关于推荐第六批全国重点文物保护单位的通知〉的通知》，整理《第六批全国重点文物保护单位的申报材料》上报，对有关内容又进行了调查充实。

2005年10月，由冯先铭、李辉柄编著，紫禁城出版社出版的《故宫博物院藏中国古代窑址标本·河南卷》，收录了河南鲁山段店窑的标本。

2006年5月25日，国务院以国发[2006]19号《国务院关于核定并公布第六批全国重点文物保护单位的通知》，鲁山段店窑遗址被列为全国第六批重点文物保护单位，其序号为152，编号为Ⅰ—152。

2006年7月，平顶山市梅国建主持的"鲁山花瓷复仿制技术研究"，被河南省科技厅、平顶山市科技局列为省、市科技攻关项目。

2009年3月，《河南日报》以"复活鲁山唐代花瓷"为题，整版报道梅国建复仿制鲁山花瓷成功的消息。

2009 年 9 月，梅国建制作的仿唐代花瓷"腰鼓""四系罐"等被河南省工艺美术行业协会评定为精品奖。

2010 年 1 月 23 日，平顶山学院陶瓷研究所揭牌，聘梅国建为所长。

2010 年 4 月—11 月，配合南水北调中线建设工程的文物保护工作，广州市文物考古研究所（现广州市文物考古研究院）对鲁山县碌子营乡杨南遗址进行了抢救性考古发掘，揭示一处以汉代和宋金元时期为主的古代村落遗址。

2010 年 10 月，第三届世界华人华侨中原合作论坛选用梅国建主持制作仿唐代花瓷"豆"300 件，作为外宾礼品。

2010 年 10 月，梅国建的论文《唐鲁山花瓷与宋清凉寺汝瓷》发表。

2010 年 11 月，梅国建主持制作仿唐鲁山花瓷腰鼓，入选在法国卢浮宫举办的第十七届世界非物质文化遗产展。

2011 年 9 月，梅国建与河南唐钧文化发展有限公司合作开发生产鲁山花瓷。

2011 年 11 月，农民尚国强、张友芬夫妇在所挖地基中采集到瓷片 2000 余片。

2011 年 12 月，在北京故宫博物院，河南省科技厅组织召开梅国建主持的"唐代花瓷复仿制作技术研究"项目成果鉴定会。专家鉴定小组成员有耿宝昌、王莉英、李伟东等。专家鉴定组一致认为该项目达到了国内领先水平，填补了该领域的空白。河南省科技厅副厅长张代民、平顶山学院党委副书记张清廉、平顶山市科技局张留成主持和参加了会议。

2011 年年底，鲁山县政府为加快花瓷产业发展，成立段店花瓷文化研究会。

2012 年 5 月，梅国建主持的"唐花釉瓷的复仿制技术开发"项目获平顶山市人民政府科技进步特等奖。

2014 年，梅国建主编的《段店窑——鲁山花瓷》出版。

2015 年，河南省陶瓷艺术委员会第一届三次会议在鲁山县召开，60 多位国家级、省级陶艺大师和工艺美术师参会。

2015 年，鲁山花瓷被批准为省级非物质文化遗产保护项目。

2016 年 1 月 3 日，由河南陶瓷艺术委员会、鲁山县花瓷研究会、鲁山县段店花瓷非物质文化遗产开发有限公司共同主办的鲁山花瓷研发基地授牌暨展馆开馆仪式在鲁山花瓷展馆举行。

2017 年 3 月，《平顶山市文化产业发展三年行动计划》出台，打造的鲁山花瓷特色小镇被列为"十三五"时期平顶山重点推进的十大文化产业项目之一。

2017 年 10 月 21 日，中国古陶瓷学会 2017 年年会暨段店窑学术研讨会在平顶山博物馆召开。本次研讨会由中国古陶瓷学会、河南省文物局主办，河南省文物考古研究院、鲁山县人民政府承办。中国古陶瓷学会会长王莉英、中国古陶瓷学会副会长孙新民、陈克伦、沈岳明、李建毛、李广宁等来自海内外的近150余名专家学者出席研讨会，专家认为段店窑的烧制时间长、制瓷水平高、遗物丰富、品种齐全，在陶瓷发展史上具有十分重要的地位，鲁山花瓷应为唐朝贡瓷。

2017年，深圳市文物考古鉴定所、郑州市中原陶瓷标本博物馆联合编纂的《段店窑调查报告》由文物出版社出版。

2017年，河南省文物考古研究院、平顶山博物馆、鲁山县段店窑文化研究所联合编纂的《鲁山段店窑遗珍》由科学出版社出版。

2018年1月，中国陶瓷工业协会再次组织专家学者到鲁山县实地考察论证，并原则同意命名鲁山县为"中华名窑花瓷之乡"。

2018年2月8日，平顶山市陶瓷学会成立大会举行。

2019年1月17日，鲁山花瓷博物馆正式对外开放。

2020年9月，由刘晓明主编的《鲁山花瓷工艺技术》由中国纺织出版社出版。

2021年6月10日，鲁山花瓷入选第五批国家级非物质文化遗产代表性项目名录。

附录二　鲁山花瓷文献辑录

一、古代文献

唐·南卓《羯鼓录》：

"不是青州石末，即是鲁山花瓷木然小碧上，掌下须有朋肯之声，据此乃是汉震，第二鼓也。"

宋·李昉等《太平御览》卷五百八十三：

"不是青州石末，即是鲁山花瓷。"

宋·王谠《唐语林》卷五：

"不是青州石末，即是鲁山花瓷。"

宋·韩元吉《少稷家观雪赋江字三十韵》：

"载牛迷象齿，覆鹿误羊羫。酪乳浮茶卢，花瓷莹鼓栓。"

南宋·范成大《桂海虞衡志》：

"花腔腰鼓，出临桂职田乡，其土特宜鼓腔，村人专作窑烧之，油画红花纹，以为饰。"

（这些史料证明，用陶瓷做鼓腔的历史由来已久。）

元·吴莱《明皇羯歌》：

"宋公守正好宰相，鲁山花瓷闻献躁。"

（把鲁山花瓷与一代名相宋璟的品德相提并论，可见对鲁山花瓷的评价之高。）

明·王洪《毅斋集》卷四·羯鼓歌：

"鲁山花瓷那有此，岁岁欢娱殊未已。"

明·《绀珠集》卷五：

"青州石末鲁山花瓷。"

明·陶宗仪《说郛》卷一百二：

"不是青州石末，即是曾（"鲁"，《说郛》本、宝颜堂本、台湾四库本讹作"曾"，下同）山花甕。"

明·万历年间窑神庙碑载：

"桃花店生意兴隆。"

明·嘉靖《鲁山县志》载：

"桃花店迤西，因土宜陶，故立窑数座，烧石翁、瓶、罂、缸等器，以利民用。"

清·雍正十三年《邑贤侯金（麟）老爷德政革除磁货牙佣碑》：

盖闻征商之说，自古所贱。孔迩之歌，于今为烈。鲁邑东北三十里，有镇梁家洼，所出瓷缸、碗、罐等货，制造具系羁旅贫民，即运发收买者，亦系四方苦业行商。历有贪污之辈，或指铺司工食，或指征税牙佣，强梁科派，肆行勒索，行商坐贾，苦莫能诉。兹逢青天县主金老爷，临莅鲁邑，惠秉好生，明鉴万里。凡有利于民生者，无不举而兴焉；凡有害于民生者，莫不革而除焉。为此，商民关启汉、张贵清、王运广等，将前事具理禀明。幸遇爷台清廉正直，素卜中州，万民瞻仰。晓知历来固习，蒙恩释开仁慈之德，严行进约，将磁货牙佣不得妄取分毫，一切陋规皆尽行革除，使行商坐贾，永沾洪恩，实为万民清弊之仁政也。但恐日久弊生，倘后有不法之徒，见利生邪，仍蹈前辙，公行强索，致商民有沾恩之名，无沾恩之实。为此，阖属商民并四方商民，均戴洪恩，勒石刻碑，永远除革，感恩以垂不朽云。

皇清雍正十三年岁次己卯三月季春谷旦

阖镇山陕商民　仝立

清·沈心《怪石录·附录》记载：

"石末：出潍县，以潍水中石碾极细末，复漂净，陶为砚，故名石末，自唐时已重之。"

清·黄矞《瓷史》载：

"鲁山县属汝州，即宋人所斥为汝器者，元明以来实为文房所珍贵，岂唐初所烧着仅以花瓷显于世耶"。

清·张英等《御定渊鉴类函》卷一百九十一：

"不是青州石末，即是鲁山花甏。"

清·吴士玉等《御定骈字类编》卷二百三·花瓷条：

"青州石末即是鲁山花瓷"。

清·陈元龙《格致镜原》卷四十七：

"不是青州石末，即是鲁山花甏。"

民国·赵汝珍《古玩指南》：

"石末砚出青州，和鲁山花瓷做鼓腔为最好。"

民国 21 年（1933 年），鲁山县施政计划中提出改良磁窑计划"良卿瓷业改良"：

"民国时期，梁洼镇属于鲁山县的巨镇之一，其所产瓷器有瓮、缸、盆、罐、砂锅、瓶、碗等。该镇居民从事瓷业者十之六七。然而由于时局动荡，各瓷窑相继停工，平民迫于生计，挺险为匪，使本来较为富源巨镇，变为产匪之区。民国廿一年，赵良卿任鲁山县县长，亲自到梁洼镇考察，了解到如果从事瓷业烧制，每烧一轮，可雇工人二十名，做工两个月，可备一窑的原料，烧成后出售可净赚大洋一百余元。只是各窑户大多都是贫民，没有能力开窑。即使建窑者，所需资金也是重利借贷，瓷器烧成就要尽快出售还贷，往往折价出售，有时还会亏本。赵良卿为帮助贫民，采用向本县富户招募股份，每股百元，以三十股为限，组建分工合销社，这样工人有工可作，股东可得分红。三十股能扩建一百轮子，可养穷人二千名。"

二、近现代文献

序	书名 / 文献	笔者 / 编者	出版社 / 杂志	出版时间 / 期刊
1	花釉	曹荣海	景德镇陶瓷	1974（2）
2	河南鲁山段店窑	李辉柄、李知宴	文物	1980（5）
3	宋、元钧瓷的中间层、乳光和呈色问题	陈显求、黄瑞福、陈士萍、周学林、阮美玲、张毓俊、赵春云	硅酸盐学报	1983（2）
4	唐代花瓷的结构分析研究	陈显求、黄瑞福、陈士萍	硅酸盐通报	1987（2）
5	河南鲁山段店窑的新发现	河南省文物研究所、鲁山人民文化馆	华夏考古	1988（1）
6	绚丽斑斓的唐代花釉瓷器	吕成龙	收藏家	1988（4）
7	花釉的形成	樊学民	中国陶瓷	1988（4）
8	唐玄宗与鲁山花瓷	潘民中	平顶山日报	1990 年 4 月 27 日
9	谈陶瓷"花釉"的定义范畴及形成途径	徐建华	景德镇陶瓷	1991（2）
10	鲁山县段店窑唐至元代瓷窑遗址	孙新民	中国考古学年鉴（1991）	1992 年
11	唐花釉瓷器鉴定	杨静荣	收藏家	2000（10）
12	介绍两件馆藏花釉瓷器	典瑞宇、娄金山	中国古陶瓷研究（第七辑）	2001 年
13	唐代花瓷釉的本质及其与后世分相乳浊釉的关系	刘凯民、李洁、苗锡锦、刘春伟、苗长强	山东陶瓷	2006 年（2）

续表

序	书名/文献	笔者/编者	出版社/杂志	出版时间/期刊
14	唐代花瓷釉的实验和形成机理分析	张义	中国陶瓷	2006（10）
15	羯鼓录研究	周艳	武汉音乐学院硕士论文	2007年
16	再识鲁山段店窑	刘金祥	南京艺术学院学报（美术与设计版）	2008（4）
17	浅析唐代花釉瓷器对钧瓷艺术的影响	张会锋	大众文艺	2009（20）
18	"唐代花瓷"——钧瓷之源、钧窑之根	苗长强、苗锡锦	陶瓷中国	2010（6）
19	唐鲁山花瓷与宋清凉寺汝瓷	梅国建	文史知识	2010（11）
20	唐代花釉瓷器	郭灿江、董源格	收藏家	2011（3）
21	失传千年的唐代花瓷浴火重生	崔志坚、刘先琴	光明日报	2011年12月22日
22	唐代花瓷腰鼓释考赏析	许满贵	东方收藏	2012（12）
23	鲁山段店汝瓷揭秘	冯保收	收藏界	2012（8）
24	鲁山县境内古陶瓷遗址调研	刘光甫	时代报告（学术版）	2012（8）
25	鲁山段店窑瓷器艺术特征研究	扈亚改	太原理工大学硕士论文	2014年
26	段店窑——鲁山花瓷	梅国建、刘晓明等	四川美术出版社	2014年
27	唐代花瓷及其与钧瓷的历史关联——基于一种文献学的考察	黄云	许昌学报	2014（4）

续表

序	书名 / 文献	笔者 / 编者	出版社 / 杂志	出版时间 / 期刊
28	河南禹州唐郭超岸墓出土瓷器	徐华峰	文物	2014（5）
29	河南地区唐宋金时期黑釉瓷器的类型与分期	杨浩淼	郑州大学硕士论文	2014 年
30	洛阳关林出土唐代花釉瓷罐赏析	王玲珍	洛阳考古	2014（3）
31	斑斓多变的釉色——河南博物院藏花釉蒜头壶	朱宏秋、郭灿江	文物天地	2015（3）
32	浪漫雄浑的生活之美——基于唐代花瓷的图像学研究	张煌若	河南大学硕士论文	2016 年
33	鲁山段店窑遗珍	河南省文物考古研究院、平顶山博物馆、鲁山县段店窑文化研究所	科学出版社	2017 年
34	汝窑瓷器与段店窑瓷器研究	中国古陶瓷学会	故宫出版社	2017 年
35	鲁山花瓷的艺术特点浅析	王群成	陶瓷艺术与科学	2017（8）
36	鲁山花瓷腰鼓之谜	刘晓明	平顶山市广播电视报	2017 年 6 月 29 日
37	段店窑调查报告	深圳市文物考古鉴定所、郑州市中原陶瓷标本博物馆	文物出版社	2018 年
38	鲁山文史系列之七——探寻鲁山花瓷	叶剑秀	协商论坛	2018（1）
39	新见段店窑陶瓷品种及其工艺成就	冯志刚、贾宁	收藏	2018（1）

续表

序	书名/文献	笔者/编者	出版社/杂志	出版时间/期刊
40	鲁山段店窑，一代名窑浮出水面	陈硕	收藏	2018（1）
41	河南出土唐代花釉瓷的地域特征和彩斑装饰特点	张迪、郭灿江	东方收藏	2018（3）
42	段店窑陶瓷文化综论	冯志刚、贾宁	东方收藏	2018（3）
43	从鲁山花瓷看关于腰鼓的几个问题	任志录	东方收藏	2018（4）
44	唐代鲁山花瓷腰鼓之研究	李艳慧	中华文化论坛	2018（7）
45	鲁山花瓷的前世与今生	潘民中	平顶山日报	2018年7月18日

附录三　国内外馆藏鲁山花瓷统计

一、国外收藏鲁山花瓷一览表

国家	藏地	花瓷器物	尺寸（厘米）	图示
美国	波士顿美术馆	花瓷执壶		
美国	纽约大都会博物馆	黑釉月白斑双系花口瓶	高 29.2	
美国	旧金山亚洲博物馆	折肩立耳无系花瓷罐		
美国	密歇根大学艺术博物馆	花瓷蓝斑执壶	高 19.7	
英国	大英博物馆	花瓷葫芦瓶		
英国	大英博物馆	花瓷盘	直径 25.5	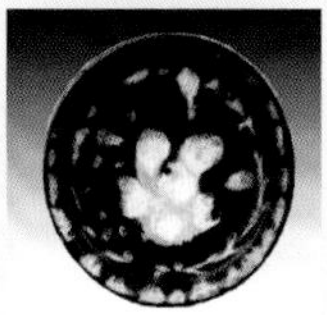

续表

国家	藏地	花瓷器物	尺寸（厘米）	图示
英国	阿尔伯特维多利亚博物馆	敞口花瓷双系罐	高 25.4	
英国	阿尔伯特维多利亚博物馆	长颈穿带花瓷瓶	高 33.3	
英国	阿尔伯特维多利亚博物馆	花瓷净水瓶	高 28.6	
英国	阿尔伯特维多利亚博物馆	花瓷碗		
英国	阿尔伯特维多利亚博物馆	无系小口花瓷罐	高 28.6	
英国	英国巴斯亚洲艺术博物馆	花瓷执壶		
英国	英国阿尔佛瑞德·丹尼尔·哈爵博士	花瓷双翻口圆肩系罐		
英国	HE ROBIN AND R . RANDOLPH RICHMOND	圆腹花瓷双系罐		

续表

国家	藏地	花瓷器物	尺寸（厘米）	图示
英国	英国艾伦·巴罗	花瓷双系罐		
英国	英国艾伦·巴罗	小口花瓷罐		
日本	东京国立博物馆	圆腹翻沿花瓷罐	高 24	
日本	出光美术馆	花瓷钵		
日本	出光美术馆	花瓷钵		
日本	出光美术馆	大口四系花瓷罐	高 38	
日本	大阪市立美术馆	花瓷水盂		
日本	根津美术馆	花瓷花口壶	高 30.2，腹径 16.2，底径 9.5	

续表

国家	藏地	花瓷器物	尺寸（厘米）	图示
日本	日本大和文华馆	花瓷执壶	高 15.9	
日本	日本松岗美术馆	大口四系花瓷罐		
日本	日本茧山龙泉堂	无系小口花瓷罐	高 24.2	
日本	日本小学馆《世界陶瓷全集》	花瓷执壶	高 15.9	
日本	日本小学馆《世界陶瓷全集》	花瓷钵		
日本	日本小学馆《世界陶瓷全集》	广口圆腹翻沿花瓷罐	高 18	
日本	日本小学馆《世界陶瓷全集》	无系小口花瓷罐	高 28.1	
日本	日本小学馆《世界陶瓷全集》	黑釉大口花瓷双系罐		

续表

国家	藏地	花瓷器物	尺寸（厘米）	图示
日本	科姆东洋陶瓷美术展	执壶	高 25.7	
瑞士	瑞士玫茵堂	双耳鼓肩花瓷罐		
瑞士	瑞士玫茵堂	花釉执壶		
德国	德国悦古堂	花釉执壶	高 15.5	
印度尼西亚	雅加达博物馆	褐色釉大口花瓷双系罐	高 18	

二、国内收藏鲁山花瓷一览表

藏地	花瓷器物	尺寸（厘米）	出土时间或地点	图示
故宫博物院	黑地蓝斑腰鼓	长 58.9，鼓面直径 22.2	段店窑遗址	
故宫博物院	花瓷双系执壶	高 27.1，口径 12.2，底径 12.5		
故宫博物院	黄地乳白蓝斑双系罐	高 18.5，口径 9.5，底径 10		
故宫博物院	黑釉乳白蓝斑双系罐	高 19.9，口径 7.4，底径 10.7		
故宫博物院	花瓷罐	高 21.2，口径 7.9，底径 9.1		
故宫博物院	黑釉蓝斑壶	高 15.6，口径 7.5，底径 8.6	段店窑遗址	
故宫博物院	黑釉月白斑双系罐	高 17，口径 9.7，足径 10.3	郏县窑	
故宫博物院	黑地乳白蓝斑三足盘	高 3.2，口径 15，足径 10.2		

续表

藏地	花瓷器物	尺寸（厘米）	出土时间或地点	图示
故宫博物院	蓝釉窑变斑花瓷罐			
故宫博物院	小口青釉花瓷罐			
故宫博物院	花瓷双系翻口圆肩罐			
故宫博物院	大口直领花瓷双系罐	高 14.7		
故宫博物院	折肩立耳花瓷双系罐			
故宫博物院	黑褐釉蓝斑双系执壶	高 27.1，口径 12.2，足径 12.5	段店窑遗址	
故宫博物院	月白褐釉花瓷罐	高 39		
中国国家博物馆	花釉浇壶	高 30.9，底径 9.1	1956 年河南省陕县刘家渠唐墓	

续表

藏地	花瓷器物	尺寸（厘米）	出土时间或地点	图示
中国国家博物馆	花瓷执壶	高30.9，底径9.1	1956年陕西刘家渠唐大中四年唐墓	
上海博物馆	花瓷双系翻口圆肩罐			
上海博物馆	花瓷双系翻口圆肩罐			
上海博物馆	黑釉白斑四系罐			
上海博物馆	花瓷执壶			
上海博物馆	花釉执壶			
上海博物馆	花釉执壶		段店窑遗址	
河南省博物院	花釉蒜头壶	高34.5，口径10，足径11.5	1973年河南新野县港里村	

续表

藏地	花瓷器物	尺寸（厘米）	出土时间或地点	图示
河南省博物院	花釉花口执壶	高 27.5，口径 6.5，底径 8.8	1990 年河南三门峡市供电局	
河南省博物院	花釉执壶	高 26，口径 9，足径 10	1985 年河南三门峡市	
河南省博物院	黑褐釉月白斑双系执壶	高 25.9，口径 9，足径 10	1985 年河南三门峡市	
河南省博物院	圆腹翻沿花瓷罐			
河南省博物院	花釉双系罐	高 13.6，口径 15.1，足径 10.1		
河南省博物院	花釉罐	高 16，口径 10，底径 10	1988 年禹州市浅井乡郭超岸墓	
河南省博物院	花釉双系缸	高 15.7，口径 18，底径 10.8		
河南省文物考古研究院	花釉四系罐（Ⅱ T0701⑤：95）	口径 17.5，底径 13.4，高 37.6	1990 年段店窑	

续表

藏地	花瓷器物	尺寸（厘米）	出土时间或地点	图示
河南省文物考古研究院	花釉三足盘（ⅡT0701：38）	口径28.6，底径11.5，通高5	1990年段店窑	
河南省文物考古研究院	花釉大口双系罐（ⅡT0705④：82）	口径18.9，底径11.8，高14.2	1990年段店窑	
河南省文物考古研究院	花瓷盘		2011年禹州下白峪窑	
河南省文物考古研究院	花瓷三足盆（XBT6：33）		2011年禹州下白峪窑	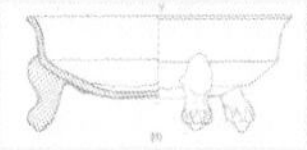
禹州钧官窑博物馆	黑褐色灰白斑花釉罐	高15.9，口径9.3，底径9.4	1988年禹州市浅井乡郭超岸墓西侧唐墓	
禹州钧官窑博物馆	黑褐色灰白斑花釉罐	高17，口径9.3，底径10，腹围54.5	1988年河南省禹州市浅井乡横山村郭超岸墓	
禹州钧官窑博物馆	黑釉彩斑双系壶	长19，宽19，高18		
禹州市文物管理所	黑釉花斑执壶	高17.2，底径10	1981年禹州市瓦店村	

续表

藏地	花瓷器物	尺寸（厘米）	出土时间或地点	图示
深圳博物馆	黑釉月白斑长颈瓶	高 11.6，口径 3.8，底径 4.3		
广州南越王墓博物馆	花瓷双系罐		广州南越王墓	
广州南越王墓博物馆	花瓷罐		广州南越王墓	
广州南越王墓博物馆	花瓷碗		广州南越王墓	
广州南越王墓博物馆	执壶		广州南越王墓	
龙门博物馆	墨釉洒彩双系罐	宽 23，口径 10，底径 10		
龙门博物馆	鲁山花釉罐	高 27，口径 11，底径 10.5		
龙门博物馆	鲁山花釉羯鼓	长 54		

续表

藏地	花瓷器物	尺寸（厘米）	出土时间或地点	图示
洛阳博物馆	花瓷双系罐			
洛阳博物馆	龙柄龙首壶	通高27.5、口径11、底径9.2	洛阳市北窑湾唐墓	
洛阳文物考古研究所	唐代花釉罐	口径10，底径10，腹径18.6，高22	洛阳关林	
郑州博物馆	茶叶末釉大口花瓷双系罐	高16.5，口径8.5		
郑州博物馆	褐釉彩斑双系壶	高15.5，口径5.5		
首都博物馆	黄釉席纹蓝斑双系执壶	高22.1，口径10.1，底径11.3	黄道窑	
青岛博物馆	花瓷双耳葫芦瓶	口径3.5，底径9.5		
青岛博物馆	无系小口花瓷罐			

续表

藏地	花瓷器物	尺寸（厘米）	出土时间或地点	图示
汝窑博物馆	花瓷执壶	高 18，口径 3.1		
汝窑博物馆	敞口花瓷双系罐		应为黄道窑	
汝窑博物馆	花瓷葫芦瓶			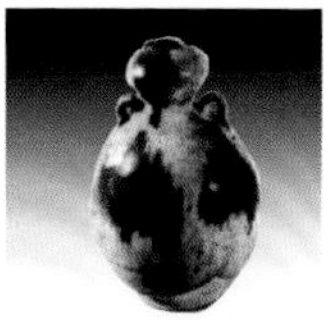
登封窑博物馆	黑釉白斑双系罐	高 15，口径 11，底径 9.8	登封前庄窑址	
登封窑博物馆	蓝灰色灰白斑花釉执壶	高 28.8，口径 10.8，底径 9.1	登封前庄窑址	
登封窑博物馆	黄褐色灰白斑花釉执壶	高 22.5，口径 7.8，底径 10.8	登封前庄窑址	
耀州博物馆	花瓷执壶			
西安市文物保护考古所	耀州窑黑釉均斑花瓷腰鼓	长 65.8，口径 22	西安大明宫遗址	

续表

藏地	花瓷器物	尺寸（厘米）	出土时间或地点	图示
陕西历史博物馆	黑釉蓝斑执壶	高28.5，口径9，底径8.3		
台湾历史博物馆	花瓷执壶			
香港九如堂	花瓷执壶	高19.5，底径7.8		
香港九如堂	花瓷花口壶	高32.2，宽17.2，底径9.7		
香港（杨永德）	鲁山双系执壶	高31.8，腹径21.2		
香港（杨永德）	大口四系花瓷罐	高33.5，腹径32.5		
香港（杨永德）	葫芦瓶			
香港（杨永德）	双耳葫芦瓶			

续表

藏地	花瓷器物	尺寸（厘米）	出土时间或地点	图示
香港（杨永德）	双耳葫芦瓶			
香港（杨永德）	黑釉白斑直领花瓷盖罐			

三、平顶山本地收藏鲁山花瓷一览表

藏地	花瓷器物	尺寸（厘米）	出土时间或地点	图示
平顶山博物馆	花釉双系罐（参1288）	口径9.5，底径10.7，高20.5	段店窑遗址	
平顶山博物馆	花釉双系罐（W20160115）	口径8.2,底径9，高19.7	段店窑遗址	
平顶山博物馆	花釉执壶（01338）	口径10，腹径15.5，底径10.2，高26.9	段店窑遗址	
平顶山博物馆	月白釉黑褐斑双系执壶（W20160059）	口径9.5，底径10，高21.5	段店窑遗址	
平顶山博物馆	黑釉蓝斑执壶		段店窑遗址	
平顶山博物馆	黑釉月白色斑执壶		段店窑遗址	
平顶山博物馆	黑釉白斑瓶（W20160052）	口径3.5，底径6.6，高12.3	段店窑遗址	
平顶山博物馆	花釉花口三足洗（00750）	口径25.5，高11.5	唐天宝三十年（754年）刘府君墓	

续表

藏地	花瓷器物	尺寸（厘米）	出土时间或地点	图示
叶县文物管理局	花釉双系罐（叶120）	口径9.4，底径9.4，高18.2		
叶县文物管理局	月白釉黑褐斑罐			
唐河博物馆	黄褐色孔雀蓝斑花釉执壶	通高22.5，口径9.3，腹径15.2，底径9	唐河县唐代丁氏家族墓	
唐河博物馆	灰白色褐色斑花釉执壶	通高21.5，口径10.3，腹径14.8，底径10	唐河县唐代丁氏家族墓	
郏县文物保管所	青釉白斑双系罐		郏县黄道窑	
鲁山县文物保护管理所	段店窑唐代花釉碗（鲁059）	口径13，底径6，高5	段店窑遗址	
鲁山县文物保护管理所	花釉执壶（鲁060）	高20.1，口径7.2，底径7.5	段店窑遗址	
鲁山县文物保护管理所	花釉执壶（鲁061）	高28.7，口径9.4，底径10.5	段店窑遗址	

续表

藏地	花瓷器物	尺寸（厘米）	出土时间或地点	图示
鲁山县段店窑文化研究所	段店窑唐代花釉碗（LD 唐 0027）	口径 18，底径 8.5，高 4.9	段店窑遗址	
鲁山县段店窑文化研究所	段店窑唐代花釉花口三足洗（LD 唐 0379）	口径 26.2，高 12.6	段店窑遗址	
鲁山县段店窑文化研究所	花釉执壶（LD 唐 0068）	高 22，口径 8.5，底径 9.8	段店窑遗址	
鲁山县段店窑文化研究所	花釉瓶（LD 唐 0562）	口径 9.7，底径 9.7，高 23.5	段店窑遗址	
鲁山县段店窑文化研究所	段店窑唐代花釉四系罐（LD 唐 2017001）	口径 16，底径 12，高 36	段店窑遗址	
鲁山县段店窑文化研究所	段店窑花釉双系鼓钉罐（LD 唐 0382）	口径 17.7，底径 10.5，高 13.4	段店窑遗址	
鲁山县段店窑文化研究所	段店窑唐代花釉大盘（LD 唐 0269）	口径 38.6，底径 13.5，高 10	段店窑遗址	
鲁山县段店窑文化研究所	段店窑唐代花釉大盆（LD 唐 0374）	口径 36.5，底径 15，高 12	段店窑遗址	

续表

藏地	花瓷器物	尺寸（厘米）	出土时间或地点	图示
鲁山县段店窑文化研究所	花瓷枕（LD唐0502）	通高7.8，残长7.3	段店窑遗址	
鲁山县段店窑文化研究所	花釉三足盘（LD唐0439）	口径18.6，底径6，通高3.7	段店窑遗址	
鲁山县段店窑文化研究所	花釉碾（LD唐0400）	碾槽：长36，宽8，高7.3；碾轮：外径13，厚3	段店窑遗址	
鲁山县段店窑文化研究所	花釉腰鼓（LD唐0515）	长53.8，口径19	段店窑遗址	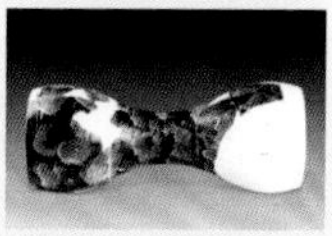
鲁山县段店窑文化研究所	花釉腰鼓（LD唐0270）	长52，口径17.5	段店窑遗址	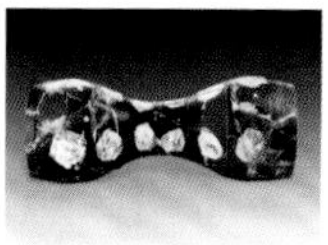
郑州中原陶瓷标本博物馆	黑瓷花釉钵（LD唐0030）	通高4.9，口径10.2，底径5.5	段店窑遗址	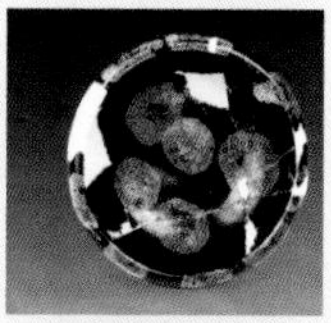
郑州中原陶瓷标本博物馆	敞口鼓腹花瓷碗（LD唐0031）	通高7.1，口径16.8，底径8	段店窑遗址	
郑州中原陶瓷标本博物馆	黑瓷花釉钵（LD唐0032）	通高10，口径11.6，底径9.6	段店窑遗址	

续表

藏地	花瓷器物	尺寸（厘米）	出土时间或地点	图示
郑州中原陶瓷标本博物馆	黑瓷花釉钵（LD唐0033）	残高10.2，口径13.8，腹径19.8	段店窑遗址	
郑州中原陶瓷标本博物馆	喇叭口花瓷腰鼓（LD唐0120）	长41.2，口径16.6，腰径8.4	段店窑遗址	
郑州中原陶瓷标本博物馆	花瓷碗（LD唐0349）	通高5，口径17，底径8	段店窑遗址	
郑州中原陶瓷标本博物馆	花瓷器盖（LD唐0264）	通高12.6，口径3，直径8.2	段店窑遗址	
郑州中原陶瓷标本博物馆	花瓷执壶（LD唐0384）	通高23，口径17.6，底径9.8	段店窑遗址	
郑州中原陶瓷标本博物馆	花瓷执壶（LD唐0392）	残高18.4，口径3.6	段店窑遗址	
郑州中原陶瓷标本博物馆	花瓷器盖（LD唐0490）	通高5.8，口径14.6	段店窑遗址	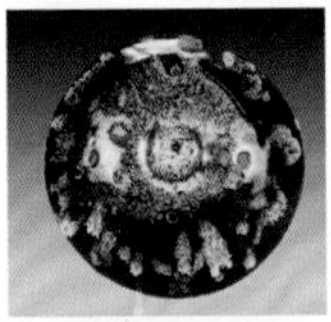
郑州中原陶瓷标本博物馆	花瓷杯（LD唐0501）	通高9.1，口径12.5，底径8.3	段店窑遗址	

续表

藏地	花瓷器物	尺寸（厘米）	出土时间或地点	图示
郑州中原陶瓷标本博物馆	花瓷执壶（LD 唐 0505）	残高 22，口径 11，底径 16	段店窑遗址	
郑州中原陶瓷标本博物馆	花瓷轮（LD 唐 0528）	直径 6.8，厚 1.9	段店窑遗址	
平顶山学院鲁山花瓷馆	黑地白斑执壶	口径 6.6，高 16.7，足径 8.4	段店窑遗址	
平顶山学院鲁山花瓷馆	茶叶末地白斑双系罐	口径 8.9，足径 8.4，高 16.1	段店窑遗址	
平顶山学院鲁山花瓷馆	茶叶末地白蓝斑壶	高 22.6，口径 9.5，足径 9.6	段店窑遗址	
平顶山学院鲁山花瓷馆	月白地黑、褐斑壶	高 21，口径 9.1，足径 10.6	段店窑遗址	
平顶山学院鲁山花瓷馆	茶叶末白斑钵	口径 12.8，足径 8，高 10.5	段店窑遗址	

附录四 墓葬、窑址出土部分花瓷统计

花瓷器物	尺寸（厘米）	出土地点	图示	出处
黑褐色灰白斑花釉双系罐	高 11、口径 7.4、足径 7.1	1999 年郑州伏牛路河南地质医院		中国出土瓷器全集·河南卷. 科学出版社. 2001.
花釉双系罐	高 11，口径 7.4，足径 7.1	1999 年郑州伏牛路河南地质医院		中国出土瓷器全集·河南卷. 科学出版社. 2001.
黄褐色蓝灰斑花釉执壶	通高 18，底径 9.5，腹径 16	河南三门峡庙底沟唐宋墓 M236		河南出土唐代花釉瓷的地域特征和彩斑装饰特点. 东方收藏 2018（3）.
黄褐色蓝灰斑双耳罐	高 17.2，口径 10.2，腹径 16.2，底径 9.5	河南省禹州新峰墓地 M199		河南禹州新峰墓地唐墓发掘报告. 华夏考古 2013（4）.
黄褐色蓝灰斑双耳罐	高 17.2，口径 8.8，腹径 16.4，底径 8.8	河南省禹州新峰墓地 M199		河南禹州新峰墓地唐墓发掘报告. 华夏考古 2013（4）.
黑褐色灰白斑花釉执壶	腹径 20，底径 12，残高 27	河南省禹州新峰墓地 M199	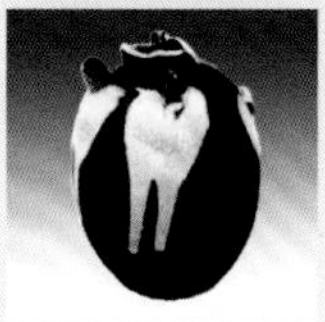	河南禹州新峰墓地唐墓发掘报告. 华夏考古 2013（4）.

续表

花瓷器物	尺寸（厘米）	出土地点	图示	出处
花瓷罐（M9∶1）	口径 8.7，腹径 17.1，底径 9，通高 15.4	新郑摩托车城唐墓		河南新郑市摩托城唐墓发掘简报，华夏考古 2005（4）.
直领花瓷罐		洛阳板桥水库		段店窑调查报告. 文物出版社. 2017.
黑釉花瓷罐		西安大中十二年路复源墓		段店窑调查报告. 文物出版社. 2017.
双耳花釉罐（M111∶8）		偃师杏园唐德宗墓出土建中四年（783 年）韦洗夫人郑氏墓		段店窑调查报告. 文物出版社. 2017.
花瓷罐		河南偃师杏园唐贞元十年（794 年）殿中侍御史李荣初墓	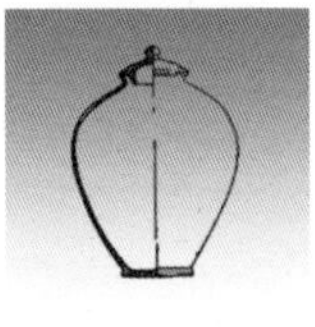	偃师杏园唐墓. 科学出版社. 2001.
无系小口花瓷罐（M2845∶9）		河南偃师杏园唐贞元八年（792 年）郑夫人墓		偃师杏园唐墓. 科学出版社. 2001.
瓷茶注（ZFJM37∶7）	腹径 14.8，底径 8.4，残高 18.3	郑纺机社区 98ZFJM37		郑州市区唐墓发掘简报. 华夏考古 2018（3）.
花瓷执壶残口	残	1956 年河南陕县刘家渠唐墓 M1020（大中四年 850 年）		段店窑调查报告. 文物出版社. 2017.

续表

花瓷器物	尺寸（厘米）	出土地点	图示	出处
鼓腹花瓷执壶	高 6，口径 3.3	洛阳白居易故居		深圳市文物考古鉴定所、郑州市中原陶瓷标本博物馆联合编. 段店窑调查报告 [M]. 文物出版社. 2017.
花瓷执壶	高 20.8，口径 10.8	洛阳白居易故居		深圳市文物考古鉴定所、郑州市中原陶瓷标本博物馆联合编. 段店窑调查报告 [M]. 文物出版社. 2017.
花釉罐	高 21.7，口径 10，腹围 58	河南禹州市征集		郭灿江，董源格. 唐代花釉瓷器 [J]. 收藏家. 2011（3）.
花瓷执壶		河南禹州钧台窑		深圳市文物考古鉴定所、郑州市中原陶瓷标本博物馆联合编. 段店窑调查报告 [M]. 文物出版社. 2017.
黄釉花斑壶		河南禹州		深圳市文物考古鉴定所、郑州市中原陶瓷标本博物馆联合编. 段店窑调查报告 [M]. 文物出版社. 2017.
花瓷四系瓶	底径 13.2、残高 36	邓县内乡窑		李桂阁. 河南内乡邓窑及邓窑瓷器 [J]. 中原文物. 2009（6）.
双系花瓷罐	口径 8.2，底径 9.2，高 16.3	邓县内乡窑		李桂阁. 河南内乡邓窑及邓窑瓷器 [J]. 中原文物. 2009（6）.
花釉罐	高 13.6，口径 15.1，足径 10.1			郭灿江，董源格. 唐代花釉瓷器 [J]. 收藏家. 2011（3）.

续表

花瓷器物	尺寸（厘米）	出土地点	图示	出处
花釉执壶	高27,口径9. 8,底径10.3			唐代花釉瓷器 收藏家 2011（3）.
花釉罐	高18,口径9.5,底径9.8			唐代花釉瓷器. 收藏家 2011（3）.
花釉瓶	高23,口径5.3,底径8.6			唐代花釉瓷器. 收藏家 2011（3）.
花釉执壶	高19.7,口径8.9,底径10			唐代花釉瓷器. 收藏家 2011（3）.

参考文献

古籍

1．[汉]司马迁．史记[M]．北京：中华书局，1982．

2．[汉]班固．汉书[M]．北京：中华书局，2007．

3．[宋]范晔．后汉书[M]．北京：中华书局，2005．

4．[后晋]刘昫等．旧唐书[M]．北京：中华书局，1975．

5．[宋]欧阳修，宋祁．新唐书[M]．北京：中华书局，1975．

6．[清]董诰等．全唐文[M]．北京：中华书局，1983．

7．[唐]杜佑．通典[M]．北京：中华书局，1988．

8．[唐]南卓等．羯鼓录·乐府杂录·碧鸡漫志[M]．北京：中华书局，1958．

9．[明]姚卿修，孙铎．鲁山县志[M]．天一阁藏版本．

10．[清]董作栋．鲁山县志[M]．清嘉庆元年本．

11．[清]王雍．鲁山县志[M]．清康熙三十三年．

12．景印文渊阁四库全书·子部·艺术类·羯鼓录[M]．台湾：台湾商务印书馆股份有限公司，2008．

专著

13．尹崇智．鲁山县志[M]．郑州：中州古籍出版社，1994．

14．平顶山市地方史志编纂委员会．平顶山市志·建置·鲁山县[M]．郑州：河南人民出版社，1994．

15．深圳市文物考古鉴定所，郑州市中原陶瓷标本博物馆．段店窑调查报告[M]．北京：文物出版社，2017．

16．河南省文物考古研究院，平顶山博物馆，鲁山县段店窑文化研究所．鲁山段店窑遗珍[M]．北京：科学出版社，2017．

17．梅国建，刘晓明等．段店窑——鲁山花瓷[M]．成都：四川美术出版社，2014．

18．陈万里．陶瓷考古文集[M]．北京：紫禁城出版社，1997．

19．中国科学院上海硅酸盐研究所．中国古陶瓷研究[M]．北京：科学出版社，1984．

20．中国硅酸盐学会．中国陶瓷史[M]．北京：文物出版社，1982．

21．赵青云．河南陶瓷史[M]．北京：紫禁城出版社，1993．

22．冯先铭．中国陶瓷[M]．上海：上海古籍出版社，2001．

23．叶喆民．中国陶瓷史[M]．上海：三联书店出版社，2006．

24．河南省文物局．鲁山杨南遗址[M]．北京：科学出版社，2016．

25．李家治．中国科学技术史·陶瓷卷[M]．北京：科学出版社，1998．

26．张福康．中国古陶瓷的科学[M]．上海人民美术出版社，2000．

27．张柏．中国出土瓷器全集·河南卷[M]．北京：科学出版社，2001．

28．河南省文物研究所．河南古瓷窑址资料汇编[M]．河南省文物研究所，1985．

29．李景洲．中国登封窑[M]．北京：文物出版社，2011．

30．中国社会科学院考古研究所．偃师杏园唐墓[M]．北京：科学出版社，2001．

31．中国社会科学院考古研究所．唐大明宫遗址考古发现与研究[M]．北京：文物出版社，2007．

32．中国社会科学院考古研究所．西安郊区隋唐墓[M]．北京：科学出版社，1966．

硕博论文

33．周艳．羯鼓录研究[D]．武汉音乐学院，2007．

34．扈亚改．鲁山段店窑瓷器艺术特征研究[D]．太原理工大学，2014．

35．张煌若．浪漫雄浑的生活之美——基于唐代花瓷的图像学研究[D]．河南大学，2016．

36．杨浩淼．河南地区唐宋金时期黑釉瓷器的类型与分期[D]．郑州大学，2014．

期刊论文

37. 李辉柄，李知宴. 河南鲁山段店窑[J]. 文物，1980（5）.

38. 河南省文物研究所，鲁山人民文化馆. 河南鲁山段店窑的新发现[J]. 华夏考古，1988（1）.

39. 樊学民. 花釉的形成[J]. 中国陶瓷，1988（4）.

40. 徐建华. 谈陶瓷"花釉"的定义范畴及形成途径[J]. 景德镇陶瓷，1991（2）.

41. 王群成. 鲁山花瓷的艺术特点浅析[J]. 陶瓷艺术与科学，2017（8）.

42. 刘凯民，李洁，苗锡锦，等. 唐代花瓷釉的本质及其与后世分相乳浊釉的关系[J]. 山东陶瓷，2006（2）.

43. 苗长强，苗锡锦. "唐代花瓷"——钧瓷之源、钧窑之根[J]. 陶瓷中国，2010（6）.

44. 张会锋. 浅析唐代花釉瓷器对钧瓷艺术的影响[J]. 大众文艺，2009（20）.

45. 梅国建. 唐鲁山花瓷与宋清凉寺汝瓷[J]. 文史知识，2010（11）.

46. 许满贵. 唐代花瓷腰鼓释考赏析[J]. 东方收藏，2012（11）.

47. 郭灿江，董源格. 唐代花釉瓷器[J]. 收藏家，2011（3）.

48. 吕成龙. 绚丽斑斓的唐代花釉瓷器[J]. 收藏家，1998（4）.

49. 刘金祥. 再识鲁山段店窑[J]. 南京艺术学院学报（美术与设计版）. 2008（4）.

50. 曹荣海. 花釉[J]. 景德镇陶瓷，1974（2）.

51. 李艳慧. 唐代鲁山花瓷腰鼓之研究[J]. 中华文化论坛，2018（7）.

52. 陈显求，黄瑞福，陈士萍. 唐代花瓷的结构分析研究[J]. 硅酸盐通报，1987（2）.

53. 冯先铭. 近年陶瓷考古新成就[J]. 河北陶瓷，1982（4）.

54. 赵青云. 近十年来河南陶瓷考古的新收获[J]. 华夏考古，1989（3）.

55. 冯保收. 鲁山段店汝瓷揭秘[J]. 收藏界，2012（8）.

56. 马文宽. 中国古瓷考古与研究五十年[J]. 考古，1999（9）.

57. 陈显求，黄瑞福，陈士萍，等. 宋、元钧瓷的中间层、乳光和呈色问题[J]. 硅酸盐学报，1983（2）.

58．张义．唐代花瓷釉的实验和形成机理分析[J]．中国陶瓷，2006（10）．

59．李自涌．关于《段店窑调查报告》的深度访谈[J]．东方收藏，2018（4）．

60．任志录．从鲁山花瓷看关于腰鼓的几个问题[J]．东方收藏，2018（4）．

61．叶剑秀．鲁山文史系列之七——探寻鲁山花瓷[J]．协商论坛，2018（1）．

62．黄云．唐代花瓷及其与钧瓷的历史关联——基于一种文献学的考察[J]．许昌学报，2014（4）．

63．冯志刚，贾宁．新见段店窑陶瓷品种及其工艺成就[J]．收藏，2018（1）．

64．冯志刚，贾宁．段店窑陶瓷文化综论[J]．东方收藏，2018（3）．

65．程庸．大写意的唐代花釉[J]．当代学生，2013（18）．

66．杨静荣．唐花釉瓷器鉴定[J]．收藏家，2000（10）．

67．石随欣．鲁山文史系列之五——一代贤令元德秀[J]．协商论坛，2018（8）．

68．卢建国．论唐代制瓷业的大发展[J]．文博，1985（2）．

69．马未都．淡妆浓抹总相宜：色斑[J]．紫禁城，2009（11），

70．陈硕．鲁山段店窑，一代名窑浮出水面[J]．收藏，2018（1），

71．武保林．鲁山县历代沿革[J]．人间，2016（7）．

72．姚会涛．瓷之祖——鲁山花瓷[J]．雪莲，2016（11）．

73．刘光甫．鲁山县境内古陶瓷遗址调研[J]．时代报告（学术版），2012（8）．

74．徐华峰．河南禹州唐郭超岸墓出土瓷器[J]．文物，2014（5）．

75．冯保收．鲁山段店汝瓷揭秘[J]．收藏界，2012（8）．

76．王玲珍．洛阳关林出土唐代花釉瓷罐赏析[J]．洛阳考古，2014（3）．

77．周晓莲．唐代的羯鼓研究[J]．岭东通识教育研究学刊，2014（3）．

78．李桂阁．河南内乡邓窑及邓窑瓷器[J]．中原文物，2009（6）．

79．周军，郝红星．郑州地区发现的几座唐墓[J]．文物，1995（5）．

80．河南省文物考古研究所、巩义市文物保管所．巩义市北窑湾汉晋唐五代墓葬[J]．考古学报，1996（3）．

81．叶喆民．河南省禹县古窑址调查纪略[J]．文物，1964（8）．

82．衡云花，李晓莉．河南新郑市摩托城唐墓发掘简报[J]．华夏考古，2005

（4）．

83．冯先铭．河南密县、登封唐宋古窑址调查[J]．文物，1964（3）．

84．刘建洲，王与刚．内乡县大窑店窑瓷窑遗址的调查[J]．河南文博通讯，1978（4）．

85．河南省文化局工作队．河南省密县、登封唐宋窑址调查简报[J]．文物，1964（2）．

86．北京大学中国考古学研究中心，河南省文物考古研究所．河南省禹州市神垕镇下白峪窑址发掘简报[J]．文物，2005（5）．

87．冯先铭．新中国陶瓷考古的主要收获[J]．文物，1965（9）．

88．赵青云．钧台窑的兴起与昌盛[J]．景德镇陶瓷，1984（S1）．

89．于文荣．浅析唐代北方陶瓷工艺成就[J]．中国历史博物馆馆刊，2000（2）．

90．赵志文．河南隋唐五代考古发现与研究[J]．华夏考古，2012（2）．

91．张肇武．河南平顶山苗侯唐墓发掘简报[J]．考古与文物，1982（3）．

92．张迪．河南出土唐代花釉瓷的地域特征和彩斑装饰特点[J]．东方收藏，2018（3）．

93．朱宏秋，郭灿江．斑斓多变的釉色——河南博物院藏花釉蒜头壶[J]．文物天地，2015（3）．

94．黄河水库考古队．一九五六年河南陕县刘家渠汉隋唐墓发掘简报[J]．考古，2014（5）．

95．中国社会科学院考古研究所洛阳唐城队．洛阳唐东都履道坊白居易宅邸发掘简报[J]．考古，1994（8）．

96．洛阳文物工作队．洛阳市龙康小区C7M1422唐墓发掘报告[J]．中原文物，2009（2）．

97．安廷瑞．禹州唐代古瓷窑群遗址的发现与研究[J]．许昌师专学报，2002（1）．

论文集

98．中国考古学会．中国考古学年鉴（1991）[M]．北京：文物出版社，1992．

99．中国古陶瓷学会．汝窑瓷器与段店窑瓷器研究[C]．北京：故宫出版社，2017．

报纸

100．潘民中．鲁山花瓷的前世与今生[N]．平顶山日报，2018-07-18．

101．潘民中．唐玄宗与鲁山花瓷[N]．平顶山日报，1990-04-27．

102．刘晓明．鲁山花瓷腰鼓之谜[N]．平顶山市广播电视报，2017-06-29．

103．失传千年的唐代花瓷浴火重生[N]．光明日报，2011-12-22．

后 记

花釉瓷器是河南地区唐代瓷器中一个创新品种，古玩界称"唐钧"，文博界把河南鲁山段店窑、郏县黄道窑、禹县下白峪窑、内乡邓窑及山西交城窑、陕西黄堡窑等处发现的花瓷产品通称为"鲁山花瓷"。鲁山花瓷创造了二液分相釉的新技巧，为黑釉瓷系的美化装饰开辟了新境界，代表着唐代中国北方烧瓷艺术的最高水平。

随着北方中原地带瓷业迅速发展，鲁山段店窑鲁山花瓷制作技术水平不断提高，其彩斑釉面白色中闪现蓝青色，产生丝雨状自然窑变，飘逸灵动。由于斑釉配制技术的成熟，出现了丰富的爆花斑、云片斑等变化效果。这一时期，也是唐代社会经济发展鼎盛时期，社会文化也极度繁荣，鲁山花瓷黑地乳白蓝斑的装饰艺术符合当时唐代社会的审美需求，因此出现了部分具有装饰功能的器物。特别是鲁山花瓷细腰鼓，受唐代宫廷礼乐盛行的影响被选入皇宫，作为宫廷乐器使用。当时的鲁山花瓷也被奉为贡品，从此名震天下。

自848年南卓撰写《羯鼓录》以来，鲁山花瓷的身影闪现于各种文献中，可见其历史与文化地位的重要。关键原因在于其有意把窑变釉效果运用于釉面装饰，使这一小众瓷种成为中国陶瓷研究中不可避开的一笔。

鲁山花瓷制作技术和施釉工艺对周边窑口形成影响，现河南境内的宝丰窑、郏县窑、登封窑、临汝窑、密县窑、禹县窑及陕西耀州窑、山东淄博窑都有类似釉色出现。宋元时期，石湾广均、丁蜀宜均、建窑天目、吉州天目相继发展。

遗憾的是，随着历史的演进和朝代的更替，鲁山临近国都的地理优势不复存在，加之地处山区，水路运输不畅，一代名瓷繁华落尽。

但是，鲁山人没有忘记千年技艺。2006年，鲁山段店瓷窑遗址被列为第六批全国重点文物保护单位。恩师梅国建倾尽积蓄，收集了大量的鲁山花瓷工艺技术及器物标本，于2006年开始着手整理鲁山花瓷的标本。2009年，他通过研究实验、化验分析，对鲁山花瓷的工艺技术、呈色原理、艺术成就进行全面研究。2014年，专著《段店窑——鲁山花瓷》出版，先梳理了段店窑的面貌，而未能对鲁山花瓷进行细致的研究。

老师年事已高，于是嘱咐我继续这个课题，集中精力对鲁山花瓷进行全面、深入地研究。我深知以自己的能力不足以完成这个任务，鲁山花瓷是一个很小的品类，目前系统的研究几乎没有，完整的鲁山花瓷史料并不多见。然而，背负老师的嘱托，只能诚惶诚恐地答应下来。

首先是对工艺技术进行总结，2020年9月，针对教学所需的教材《鲁山花瓷工艺技术》出版。在《唐代鲁山花瓷》就要付梓之际，不求交出满意的答卷，但求不辜负老师的厚望。

最后对本书参考的文献作者表示感谢。本书采用任志录的《鲁山段店窑调查报告》以及《段店窑遗珍》中的较多图片，在此特别鸣谢。致敬恩师梅国建为本书提供大量素材、资料！感谢平顶山学院陶瓷学院孙晓岗博士为本书提出意见！

在本书的编写过程中，还得到了各花瓷产区、博物馆、艺术馆、鲁山花瓷生产企业的大力支持！鸣谢同学刘慧霞、龙门博物馆馆长王迪、平顶山市文物局刘新德、宝丰汝窑博物馆王东举、鲁山县段店花瓷技术开发有限公司袁留福。

鸣谢平顶山学院各部门以及学生汤铭、刘嘉美、路长旭、任逯、张富宽、赵永雪、贺成成、张国耀、常淇、张雨诺等。爱妻李慧娟工作之余，承担了照顾老人、孩子、家庭的重任，非常感谢。

中国轻工业出版社各位编辑、美编对本书的审校付出了辛苦的劳动，在此一并致谢。

本书收录资料涉及范围广，因时间、精力、馆藏作品版权等因素，图片资料未能达到理想状态，部分馆藏资料不全，部分没有大图，只能舍弃。由于编者水平、资料收集、研究能力所限，缺漏错讹在所难免，诚请各界提出建议和批评。

刘晓明

2021年8月